경남대표시인선
55

풍란을 붙이며

추창영 유고 시집

돌판 **경남**

추창영 秋蒼影
1938~2019

—

오늘은
삭아 내리는 가슴을 동여매듯
돌에다 풍란을 붙인다

● 추창영 유고 시집을 내며

어머님의 못다 한 이야기

고봉진
추창영 시인 아들

　퇴직 후 사회와의 문을 닫아버리고 일상의 대부분을 난과 강아지를 키우며 보내시던 어머님의 모습이 아직도 아련합니다. 젊었을 때의 큰 교통사고 이후 평생을 40kg이 되지 않는 몸으로 회사 일과 시작으로 불면의 밤을 보내시던 어머님이 저에게는 푸근하고 안기고 싶은 엄마이기보다는 언제나 정확하고 강인한 어머니의 모습이었습니다. 결벽증에 가깝게 자신을 철저히 관리하는 어머님을 보면서 저는 평생을 엄마라고 부르지 못하고 어머니라고 불렀습니다. 하지만 그러한 어머님의 가슴속에는 저에 대한 무한한 애정과 사랑이 가득 차 있음을 나이가 들면서 깨달았습니다.

유품을 정리하면서 시 원고들을 침대 아래 서랍에서, 서류 봉투 속에서 혹은 워드 프로세스의 케이스 안에서 발견하였습니다. 나중에 어머님을 만나면 야단맞을 각오로 유고 시집을 세상에 내어놓습니다.

수록된 시편들이 명징한 목소리로 어머님의 못다 한 이야기를 하는 것 같아 출간하길 잘했다는 마음입니다. 시집 출간에 있어 구순의 연세에도 불구하고 평전을 흔쾌히 써 주신 전문수 교수님, 처음부터 출간에 이르기까지 많은 도움을 주신 김일태 이원수문학관장님과 편집에 도움을 주신 성선경 시인님 그리고 시집의 출판에 도움을 주신 오하룡 선생님과 오태민 실장님께 감사드립니다.

차례

추창영 유고 시집을 내며   4

제1부 모란꽃 피어

모란꽃 피어   13
자목련   14
빈집   16
능소화凌霄花   21
하현下弦달   24
거울   26
사월의 밤비   28
사랑의 변주   31
그 후의 변신   32
옥잠화 시절에   34
바위   36
침묵의 아픔   38
벚꽃 아래서   40
아직도 달빛은   42
안개 속에   44

제2부 바빌로니아의 새

겨울밤에 내리는 비	49
가을 벌판	52
날개 접은 새는	54
바빌로니아의 새	57
시간의 여울목에서	60
가을 저녁에	62
새는 생명의 씨앗을 물고 와	64
적적한 날에	66
첨단 정보화시대의 변방에서	68
우리 아재의 사랑 이야기	70
늦가을 오후에	72
도시의 새	74
무너지는 새의 독백	77

제3부 산불(山火)

산불(山火)	83
오월 한낮에	84
마른 장미	86
나그네 · 3	89
기차와 산나리	92
어느 가을날 여치의 해오(解悟)	96
흑백사진 한 장	99
풍란(風蘭)을 붙이며	102
석류꽃	104
나뭇잎 떨어지듯이	106
길목마다 달은 있었네	108
해묵은 이야기	110
함정(陷穽)	112
나그네의 백일몽	115
예순이 지난 후에도	120

제4부 그림과 화가

그림과 화가	125
십일월의 달	126
봄날에	128
겨울나무	129
나비의 꿈	130
어떤 수묵화의 풍경	137
길	140
바다로 가려네	144
나비의 꿈·5	146
나의 님은	148
술을 마시네	150
나목의 전설	152
비눗방울	154
섬	156
비 오는 날에	158
평설 │ 추창영의 시 세계 • 전문수	159
추창영 시인 연보	206

제 1 부

모란꽃 피어

모란꽃 피어

앞 뒷산 희끗희끗 밤꽃 흐드러지면
멀고 가까운 숲에서 뻐꾸기 울어
넓은 가슴에 푸른 이슬을 달고
벅찬 숨결로 유월이 오더이다

선방 뒤뜰에 선덕여왕의 자태인가
거리낌 없이 웃고 있는 모란
어둠을 열고 내다보는 달
뜰에 누운 석탑 그림자
그리고
달빛에 젖은 깊고 깊은 적막

이 풍경을 내다본 노스님
참으로 애닯다 하시며 문을 닫더이다

자목련

사월, 그날 오후
아무 생각 없이 그저 손톱을 물어뜯다가
이마저 시들해져서
꾸벅꾸벅 오수에 빠져들고

무거워진 눈꺼풀 속엔
프리즘에 집채 된
일곱 색깔의 태양이
아득한 궁혈로부터 쏟아진다

두 팔을 들고 휘저어 보지만
손아귀는 빈 주먹
점점 작아진 나는 딱정벌레가 되고
속도를 더해가는 빛깔의 회전축이 된다

회유하는 색깔은 서로가 서로를 흡수하여
마침내 일체를 거부하는
하나의 빛깔, 하얗게 표백되고

눈이 부시게 새하얀 허공에
한 마리 새가 날아가다 멈칫 날개를 접는 순간
나는 딱정벌레의 눈을 열고 이를 목격한다

사월, 그날의 오후
백일몽에서 깨어나 내다본 풍경

신록으로 치닫는 푸른 잎새 그늘에
날개를 접은 새가 다시 날아
자목련꽃으로 앉아 있더라

빈 집

1.
계단을 황황히 내려오는 아침과
주홍빛 노을 다음의
푸른 저녁살 밟고 들어서는
집은

비어 있다

괴괴한 적막과
무겁고 무거운 어둠이
눅눅한 습기에 젖어
차고 침침하다.

형광등 불빛과
금속성의 번들거림
서로를 수용하지 못하고
서로가 거부하는 반목.

문명의 빙정으로
빈집 속의 나그네는
춥고 외롭다.

2.
하룻밤 묵고 가는데 값은 치르지 못해도
쓸고 닦아 흔적일랑은 남기지 말아야지

서러운 만큼 쓸어내고
외로운 만큼 닦아내어도
떨어져 쌓이는 분진과 자욱들

적적함에 퇴색하고
쓸고 닦아 닳고 닳은
낡은 세월

헐거워진 문과 삐걱거리는 마룻바닥과
흔들리는 기둥, 그래서

빈집은 조금씩 어긋나고 있다.

3.
태풍 세스가 온다는 일기예보
가을 가뭄 끝에 바람이 불고
찬비가
빈집의 손님처럼 창을 흔든다

빈집을 지키던 유년 시절
돌아오는 사람들 소리에
빗장을 벗기고 대문을 열던 그 손으로
창을 열고 어둠 속을 바라본다.

보이지 않는 바람과 찬비가
적적한 빈집 창을 넘고 들어와
벽에 붙은 달력을 들추거나
올려진 외투를 빈 자루처럼 바닥에 무너뜨리기도 하고는
몰고 온 낙엽이나 지푸라기 같은 것을

어질러 놓은 채 그 위에 쓰러진다.

그러나 보이지 않고 잡히지 않는
무례한 방문객은
단지
빈 술잔에 고인 나그네의 몽상.

4.
오늘 밤은 유달리 바람이 세차고 비는 차겁다.

삐걱거리고 덜컹대는 빈집은
통증에 신음한다.

독초같이 모질게 살아 더욱 낡은 육신
빈집은 한 상을 스쳐 가는 나그네
빈 고둥 껍질을 업고 가는 게.

세찬 바람과 찬비에
덜컹대고 삐걱대는 빈집
빈집 속의 나그네

통증에 신음하고
끝내 허물어지는 우리네 삶

오늘도 우리는
빈집에 쉬었다 가는 나그네
그리고 빈집으로 허물어져 가고 있다.

능소화 凌霄花

그때 우리 나이 다섯 살은
빈집 마당 가에 무성한 풀이거나
축담 아래 쩌린 이끼 같은 유년이었고
마을은 적적한 한낮이었다.

어른은 들로 나가거나
더러는 징용으로, 더러는 부역으로 집을 비웠고
마을은 밤보다 더 깊은 어둠과
어둠보다 더 무거운 침묵으로
돌아온 사람들도 주검마냥
더욱 낮게 엎드렸다.

날마다 울음을 물고서도
참는 것에 길들어진 아이가
빗장 걸린 대문 틈으로 본 것은
길 건너 일본 집 울타리였고
이따금 새하얀 얼굴의
일본 각시 아끼꼬가

새장 속에 갇힌 새처럼
겁먹은 눈으로 세상을 훔쳐보는 모습이었다.

팔월 어느 날
그날은 간밤부터 비가 내렸고
이날은 집을 비우지 않는
어른들의 웅성거림으로
마을은 풍선처럼 부풀고 있었다

아이는 열린 대문을 빠져나와

능소화꽃이 주황색으로
넘치고 있는 울타리 너머
일본 각시 아끼꼬가 새하얀 얼굴에
주황색 눈물을 흘리는 것을 보았고
읍내 주재소에 매 맞고 울부짖던
이웃집 아재를 떠올리며
아끼꼬가 불쌍타 생각했다.

무덥고 지루한 팔월
오늘은 비바람이 부는데
오십 고개를 넘은 나그네가
뉘네 집 울타리에 넘치게 핀 능소화꽃 속에서
울고 있는 일본 각시 아끼꼬를 본
그때 그 아이의 눈으로
무겁고 긴 한숨을 쉬다가
돌아서 가던 길 다시 걷는데

그때 그 아이만큼 작아져서
저녁 안개 슬리는 산자락으로
희끗희끗 멀어져 가고
능소화 꽃잎은 주황색 빗물이 된다.

하현下弦달

1.
내 나이 다섯 살
이제는 없어진 향리鄕里
산자락 둔덕 아래 작은 마을
달밤이면 옹달샘 물빛은 은회색
인적 없고 울창한 대숲
불어오는 남풍에
청대靑竹 몸 부비는 속삭임
언뜻 고개 들고 쳐다본
하늘은 갈맷빛
연둣빛 초승달 한 조각
저만 따라오라고
실은 자꾸 날 따라와
끝내 내 눈 속으로 빠져들고
불거진 돌부리에 걸려
배꽃으로 흘러내리는 달빛
흐르는 물속에서 달은 깨어지고
내 눈 속의 달도 깨어지고

2.
내 유년의 울음은 언제나
깨어진 무릎의 피로써 멎었다
……그 후로 하늘엔
차고 냉담한 희푸른 달 한 조각
구름 덩이에도 흔들리고
한 자락 마파람에도 웅크리는 하현달
끝 모를 군청색 겨울밤
그 무엇과도 타협되지 않는
한 조각 달 절대 고독,
새벽이 오면
홀로 날아야 할 새.

거 울

누구도 모른다
고향이 어딘지 누구도 모른다
아비의 얼굴을 누구도 모른다
어미의 목소리를 누구도 모른다
빈집에서 꿈만 꾸었으니까

유월, 뒤뜰에 허옇게 떨어진
감꽃을 실에 꿰어 목에 걸 때도
자글자글 끓는 칠월 한낮
채송화 꽃잎을 뜯어 해를 볼 때도
나는 늘 심심했으니까

언제나 어금니를 다셔 물었고
손은 바람을 움켜쥐고
발바닥은 언제나 젖어
젊은 날의 노래는 허연 입김이 어렸었다
홍역은 차라리 열꽃이었으니까

바닷가에서 먼 나라를 꿈꾸었고
바람 불거나 비가 내리는 길에서
누구를 만나면 손을 잡아 보지만
누구도 내가 모르는 것을 모른다
이런 어리석음의 날들을 보내고

이제는 바람도 자고
서쪽 창밖 햇살이 눈 부시어
돌아서서 등받이를 하지만
아직도 내 방에는 거울 한 조각이 없다.
아직도 나를 보지 못한다

나를 담은 세월의 강은 흘러 흘러
바다에서나 나를 만나게 될건가

사월의 밤비

때아닌 서리 치고
흙바람 몰아쳐
철 이른 나비인가 했는데
오늘 밤은 비가 내리네요

세상은 캄캄하여
보이는 것 없지만
빗소리 하나로
모두 마음들이 젖어서
창문을 열고 소리 없이 웃습니다

잃은 것 다시 얻고
버린 것 다시 찾아
빛나는 기쁨 일구어
한껏 즐거워질 것 같은 예감이
젖은 바람으로 오는 까닭입니다

밤이 지나고 아침이 오면
이 비는
낮고 깊은 곳으로 잦아들고
빗물 머금은 천지는
새롭게 일어서는 목숨으로
햇살은 따사롭고
바람은 부드럽겠지요

비 오는 밤에
이렇듯 꿈꾸는 것은
내 가슴이 너무 굳어졌거나
아니면

너무 황폐해져서
빗물을 머금을 수 없는 연유입니다

새벽도 머지않은 이 어둠 속에서
사월의 빗소리를 들으며
마당에 내려서서
저 비를 흠뻑 맞고 싶습니다

비를 맞고 부드럽게
부풀어 오를 흙이 남아 있을 것 같은
가당찮은 망상에서이지만
곧 메마른 웃음으로 지워집니다

사월의 밤비는
창호지마저 미어지게 하듯
내 마음 여리게 하고
잠 못 드는 나를 적시는 건
몽상의 잔
아니면
눈물입니다

사랑의 변주

사랑은 절망을 위한 화려한 변주곡이다
절망은 떠나는 자의 고독이다

사랑은 외로움의 메아리다
메아리는 남은 자의 몽상이다

사랑은 불고 가는 바람이다
바람은 머물 수 없는 이별이다

사랑은 꽃으로 지게 하고
이별은 물로서 흘러라

그래도 남는 것이 있으면
저무는 하늘에 묻고 침묵하라

그 후의 변신

태양이 천 번 뜨고, 천 번의 달이 지고
그렇게 긴 잠에서 부스스 눈을 비비고
생신가 꿈인가 몽롱한 의식으로
몇 날을 더 흘리고 난 후 창밖을 본다

하늘은 무겁게 내려앉아
아침인가 저녁인가 알 수 없고
그 누구의 힘인가 세차게 들이닥치는 바람
그 바람도 내 방에서 눅눅하게 젖어 풀이 죽는다

바람에 부대끼는 창밖 세상은 서서히 지워지고
나의 방은 깊고 깊은 침묵 한가운데서
수천만 년 견뎌온 동굴이 되고
나는 변신한 한 마리의 곤충이 된다

날이 갈수록
몸은 자꾸 길어지고,
하얗게 표백되고,
눈이 있어도 보이지 않고
눈이 없어도 보이는 이 엄청난 변신

하여 동굴 속의 어둠과 침묵은
기나긴 역사가 되고
끝내 내장까지 다 보이는 곤충은
진정 투명한 목숨이 되어
천날만날 그렇게 살게 되나 보다

옥잠화 시절에

그때 우리는
아침마다 무학산을 바라보며
맑은 아침 햇살이 되고 싶었고
저녁마다 합포만을 굽어보며
돌아오는 만선의 기쁨이 되고 싶었다

산비탈 붉은 속살 그대로
교정은 채 마르지 않았으나
비상을 예비하는 어린 새처럼
우리는 이상의 날개를 키웠고

성당 부근의 키 큰 나무와
작은 뜰의 키 낮은 옥잠화는
빛나는 이상과 아름다운 꿈으로
성숙해가는 우리의 후원이었다

반백 년 세월이 흐른 오늘
황혼빛 이순耳順의 의상을 입고
옥잠화 꽃향기 추억의 잔을 들어
열일곱 성지의 소녀가 된다.

＊옥잠화: 당시 성지여고의 교화校花.

바 위

그저 하나올시다

일월성신日月星辰
낮과 밤 갈라놓고

흐르는 구름 비 되어
하늘과 바다

수평선 하나로
나뉘어 놓고

무엇 하나
잡을 손 없으니

이 세상
나누어 가질 것
아무것도 없습니다

홀로 뼈 깎는 혼魂
만고풍상萬古風霜인들
무슨 소용 닿겠습니까

그저 하나올시다

침묵의 아픔

1. 고향
고향을 노래할 수 없구나
고향을 그리워할 수 없고
찾아보고 싶은 사람도 없는데
그 고향은 버린 자를 어디서 기다리고 있나

철둑 위로 기차가 달리고
달리는 기차에 손 흔들고
날마다 떠나는 꿈을 꾸는 아이들과
옥수수수염도 늙어가는, 그런 고향

무명 바지저고리에 장기 맨 아비
흰 머릿수건, 아궁이에 불을 지피는 어미와
뒤꼍 남새밭에 아욱 뜯는 하얀 할미
흙담 아래 봉선화 접시꽃 피는 꽃밭

늙은 감나무 가지에 그네 타는 유년
밤하늘의 말씀 같은 총총한 별과

개울 따라 반딧불 노니는 여름밤
천지가 땀 내음으로 성숙해 가는 고향

삭아 내리는 영혼이
빛바랜 사진처럼 자꾸 흐려질 때
푸른 달빛 되어 오라고 손짓하는
그런 고향이 어디로 떠난 것일까

가도 가도 모래뿐인 세월인데
바람에 무너지는 사구沙丘였을까

손톱이 닳도록 파 내려가면
한 톨의 모래알이 되어 거기 묻혀 있을까

처음부터 잃어버린 것이라면

이제는 먼저 버렸다 할까 보다

벚꽃 아래서

깊고 긴 잠에서 깨어나
부푼 가슴으로 달려왔나 보다

거리낌 없이 웃어 젖히는 눈부신 환희
무엇으로 저리 넘치도록 채웠을까

지심의 숨결을 뽑아
수천, 수만, 만만 개의 봄으로 웃고 있음인가

깊은 어둠과 무거운 적막이
끝내 빛과 향기로 풀려났음인가

마침내 하늘과 땅이 포옹하여
세상 모든 아픔 밀어내고

손등에 핀 저승꽃마저 지우고
미어질 듯 얇은 가슴에 꿈으로 왔음인가

사랑처럼 왔다가 이별처럼 떠나는
낙화의 슬픔이야 어쩌랴마는

생성과 소멸의 앞뒤를 잘라 내고
나 또한 꿈 같은 꽃이고 싶다

아직도 달빛은

사는 일은 간단없이 버리는 일이다
날마다 오늘을 마감하는 시각
어둠 뒤에 숨어서 진개장으로 간다

누가 무엇을, 왜 버리는지
아무도 상관치 않고 탓하지 않는다
머리 위에 하늘이 출렁, 할 뿐이다

버리고 돌아서면
꿈 아니면 먼 기억의 달
한 조각의 얼음으로 가슴의 작은 떨림

대숲에서 흔들리던 하얀 달
외항선 불빛을 따라가던 달
강둑 아래 핀 자운영 꽃잎에 머물던 달

어쩌랴

오늘마저 버리고 돌아선 막막한 가슴에

새순 같은 이 감응을

그 무엇으로도 가릴 수 없는 달

속속들이 파고드는 찬 바람에 밀려

달빛 속으로 빠져 버린 젊은 날의 달

세월이 저 먼저 앞서고

허허한 바람이 차라리 편안한 길목인데

새삼 오한 같은 감응은 무슨 까닭인가

안개 속에

강가에 꿈꾸는 여자가
조금씩 풀려나는데

안개 속 그림자처럼
여자는 천천히 신이 된다

신이 된 여자는 목선을 타고
외로운 강변을 떠난다

사랑도 아니고 눈물도 아니고
분노도 아니고 욕망은 더더욱 아니고

잡으려 해도 잡히지 않고
버리려 해도 버려지지 않고

한정 없는 침묵 아래로
신이 되어 떠난 여자는

우리 생애 한 번도 만나지 못한
그리운 임이 된다

제 2 부

바빌로니아의 새

겨울밤에 내리는 비

켜켜이 동여매어도 냉기 스미는
동지섣달 이우는 깊은 밤
겨울 찬비가 내린다.

긴 세월 험로의 뒤안길에서
지친 날개 접고
꿈꾸는 새 목메인 채술임같이
겨울밤 찬비가 내린다

창을 열고 내다보면
어둠 속으로 보이는 것 없으나
그리운 이름 부르면
비에 젖은 그대로
바로 다가설 것 같은데

……허나
불러야 할 그리운 이름 하나 없고
고개 들어 바라보는 창밖 세상은

깜깜한 어둠과 빗물조차 뱉어내는 침묵뿐

오늘 밤은
내가 찬비가 되어
어둠을 헤집고
내 방 창 밑을 서성이는데

겨울 찬비보다 더욱 찬 냉기와
어둠보다 더 무거운 적막이
태어남의 원초적 미궁같이
덧없는 막막함으로 색상을 지워내고 있다

살아온 만큼
지워버리고 나면
세상은 더도 없고 덜도 없는
그저 아무것도 없는 텅 빈 공허일 뿐

……허나
밤 지나면 아침 오고
비 내린 다음, 날 개듯이
오고 감이 누구의 탓도 아니다.

선 채로 말라버린 풀잎이
비 개인 아침 햇살 받고
다시 봄을 꿈꾸듯이
되돌아갈 수는 없을지라도
투명한 햇살 속으로
남은 길 마저 가야지.

찬비 내리는 겨울밤은
비로소 평화롭구나.

가을 벌판

해 지고 노을 스러진 다음
보랏빛 앞세운 잿빛 땅거미

여름날 무성했던 노래는 끝나고
그 여음마저 사위어 갔는가

마지막 새 한 마리
산허리 돌아간 다음

들판은 황량한 가슴으로
돌아눕는다

사랑이란 이름으로
서로를 욕되게 하지 마라

떠나는 모습으로
어둠은 오나니

잡은 손 놓고
홀로 눕는 가슴은
어둠으로 용해되어

사라지는 것들의
소멸의 미학

한 방울의 찬 이슬

가을 벌판은
어둠으로 풀고
찬 이슬 덮는다

날개 접은 새는

1.
삼사월 청보리 질편한 들판에서
하늘로 차오르는 종달새였나

붉은 황토 고갯길
무성한 아카시아 숲 그 너머 어디쯤에
어둡고 눅눅한 목청으로 우는 꿀뚝새였을까

이제 봄이라고 봄이 왔다고
높고 낮은 목청으로 노래하는
뻐꾹새, 그 뻐꾹새였나

휘영청 밝은 달
그 푸른 달빛을 쪼아대며
그렇게 우는 밤새였을까

깜깜한 그믐밤, 무량의 어둠 속에서
비로소 눈 밝아지는
눈 큰 부엉이였을까

아니면
거대한 빌딩 숲에서
허기를 채워야 하는
도시의 비둘기였나

2.
오늘은 비가 내린다
하늘과 땅이 지워지고
무겁고 어두운 허공은
빗물과 비 내리는 소리뿐
새들은 보이지 않는다

날개 접은 새는
깃털 속에 얼굴을 묻고
허기진 도시의 영악한 음모를 생각하며
사는 일이 부끄럽다고 뉘우치고 있을까

모든 것 다 떨쳐 버리고
무한천공 그 너머보다 깊은 속으로
마음껏 날아야 할 날개를 접고
어둠과 추위와 궂은 빗소리에 흥건히 젖어
깊고 깊은 사념에 빠져 있나.

접은 쭉지 다시 한번 활짝 펼쳐
청청 하늘로 솟구치는
그런 날을 기다리고 있을까

그렇게 한 번 더 차고 오를 수 있을까

바빌로니아의 새

- 언제인가
  말로써 말할 수 없는
  아득한 세월의 저편
  빛과 어둠이 갈라설 때
  하늘과 땅은
  물로써 인연을 맺었다

  어디서부터인가
  한정 없이 쏟아지는 빛으로
  삼라만상의 형상이 빚어지고
  물로써 생명을 얻어
  천지간에 살아 있음의 환희가
  하늘에는 햇무리
  땅 위에는 물보라가 넘쳐
  강이 되고 바다가 되었다 하더라 -

쌓이고 쌓이고 또 쌓여
송진이 호박 되고

물방울이 석화 되고 종유석이 될 때
첩첩한 어둠 그리고 천근 같은 침묵

얼마나 오래였나

하늘을 자르는 해벽海碧
무명無明의 심연으로부터
바빌로니아 새 한 마리가
섬광으로 허공을 차고 올랐다

동쪽으로부터 뻗쳐오르는 햇발
산과 바다가 일제히 일어서고
하늘과 땅이 맞닿은 지평선 너머로
새는 거대한 날개를 펼쳐 날아갔다

그 누구의 의지인가
그 무엇의 섭리인가

날마다 해는 뜨고 지고
삼라만상의 생성소멸

이승과 저승으로 오가는
길목에서 우리 다시
바빌로니아의 새를
한 번 더 만날 수 있을까

시간의 여울목에서

시간도 갈앉은 물속 같은 공간에서
혼자 먼지 알갱이로 떠 있다가
설핏 창 너머로 새 한 마리 나는 것을 보고
서둘러 문을 나선다

아이들이 달려가고
아낙이 종종걸음으로 지나가고
중년의 남자가 짐 지듯 무겁게 걸어가고
바람이 곤추섰다가 꺾어지듯이 불고 가고
그 뒤로 어기적어기적 따라가는데

해 떨어지고
저녁살이 서물서물 기어들면서
앞서가던 사람들은 보이다 말다 하며
발자국 소리도 들리다 말다 하며
돌아서 되오는 길도 보이지 않는다

이 난감한 시간의 여울목에서
예약된 시간표도 없고
약속된 기다림도 없고
홀로 막막함에 잦아들고 있다

가을 저녁에

가을은 야윈 어머니의 얼굴입니다
세월 저편에 겹겹이 쌓은 당신의 설움이
이제사 한 올씩 풀리어 적적한 나의 창가에
낙엽 되어 쌓입니다.

햇살 하얗게 내리는 마루에 앉아
미소인지 슬픔인지 아련한 눈빛으로
주름진 당신의 손등을 만지시던
그 외로운 모습으로 떠나신 어머니

푸른 저녁살 천천히 밀려올 때
하얀 매무새로 걸어오시는 어머니
날마다 그렇게 오시지만
언제나 어둠 속에 묻히고 맙니다

깊어져 가는 가을 저녁에
오늘은 찬비가 내리고
우리 어머니 젖을세라
우산 들고 골목을 서성입니다

새는 생명의 씨앗을 물고 와

칠흑 같은 어둠의 심연으로부터
불 같은 물이, 아니, 물 같은 불이
쏟아져 나오고 있었다

억겁의 세월을 먹은 새가
억겁의 세월만큼의 어둠에 묻혔다가
그 오랜 세월은 물로 삭히고
어둠은 불로 삭히기를 또 수억 년

마침내
그 많은 세월과 그 많은 어둠을 가르고
뜨겁고 찬란한 빛으로 솟아오른
거대한 새가 하늘과 땅 사이를 갈라놓을 때

비로소 물과 흙이 한 몸이 되어
천지간에 생명의 알갱이가 생성되고
거대한 새는 궁창으로 날아올랐다

그리고
새는 다시 오지 않았다

생각컨대
그 새가 다시 오는 날
세상은 빛으로 가득하리라.

적적한 날에

우리 숙모 마음 상하는 날이면
바쁜 듯이 개울 건너 둑에 오른다

어둑어둑 저녁살 몰려오면 그 뒤에 숨어서
붉어진 눈시울을 부비며
개울에 얼굴 씻는 우리 숙모

오지랖에 묻어온 반딧불 몇 개
어린 조카 옷섶에 붙여주는 여윈 손가락
아슴한 먼 기억 속의 여인

달빛 내리는 밤이면 우리 숙모
툇마루에 앉아 오래도록 하늘을 쳐다볼 때
지붕 위에는 흰 박꽃이 피어 있었다

수십 년 세월 건너온 지금
달도 보이지 않고 반디도 볼 수 없는데
지붕 위에 둥그렇게 홀로 앉은 우리 숙모

박 넝쿨 마르고 억새마저 시들어

천지가 비어 갈 때

이제는 볼 수 없는 우리 숙모

시월의 기약처럼 적적한 나를 불러낸다

첨단 정보화시대의 변방에서

식탁 위에서 일상의 창을 열고
천리안을 불러 일문일답하는
디지털 초입부에서 나는 기권하고 말았다

소리만으로도 세상을 열 수 있는데,
소리 하나로 꿈꾸고 내일을 예감하며
오감을 노래할 수 있는데,
믿음은 사랑과 풍요라 했는데,

이천 년대 새로운 세상
장엄한 해돋이는 평면 벽걸이
아날로그는 난지도 공원 나무 밑에 묻힌 후
거리에는 십 대들의 은어隱語가 파닥거린다

이제 시공을 넘어 세상은 손바닥 안에 있고
마주 보는 허상과 감각의 교접으로
자지러지는 원죄의 고백
이렇듯 퇴화되어 가는 이 시대

어느 시인은 이순耳順에
먹을 갈아 난을 친다 하고
나는 천년 묵은 이 빠진 기왓장에
풍란을 붙이며 날마다 물을 준다

우리 아재의 사랑 이야기

우리 아재는 꿈꾸는 사람이었다
꿈꾸는 아재의 애인은 꿈을 색칠하는 화가였다

세월도 모르고 시절도 모르고
강가에서는 강물에 빠진 산을 꿈꾸고

산에 올라 산허리 감도는 강을 꿈꾸고
숲에서는 숲을 흔드는 바람을 꿈꾸었다

밤이 오면 달빛에 젖어
별이 된 사람들의 세상을 꿈꾸었다

아재를 사랑한 아재 애인은
아재의 꿈을 색칠하기에 낮 밤이 없었다

그날은 강가에서
아재의 꿈을 건져 화폭에 담으려다
강물에 눕고 말았다. 아재 애인이

달빛 속에 누운 강과
강물 위에 누운 아재의 애인과
달빛에 번쩍이는 강물은 안개를 토하고

안개 속 길고 긴 강은 이무기가 되어
꿈꾸는 아재와 아재 애인은
들판과 산을 스쳐 승천하는데

    하늘에는
    달이 문을 열더라

늦가을 오후에

늦가을 오후
이제는 닫힌 창 안에 서서 생각 없이
하늘을 바라보는 시간이 많아졌습니다

옷 벗은 미루나무와 풀들마저 말라버린 언덕 위로
새 한 마리 높이 차 오르다 길게 포물선을 그리며
하늘 밖으로 떨어져 갔습니다

지는 햇살이 저리도 눈부신데
새는 하늘 밖 어디로 간 것일까
오늘따라 날아간 새를 두고 마음이 쓰입니다

어느 마을 누군가가
세상 밖으로 떠나는 것일까
어쩌면 그 영혼이 새가 되었거나

아니면 새가 그 영혼을 업고
하늘 밖으로 날아가는 것일까

이런 생각을 하면서

일몰이 가까워져 오는 빈 하늘을

그저 바라보고 서 있습니다

도시의 새

매캐한 안개
녹슨 낮달을 보며
도시의 새는
이제
복사꽃 피는 고향을 모른다.

나무는 있으되
숲이 없는
문명의 골짜기

실어증에 목이 잠긴
도시의 새는
이제 울지 않는다.

비등점을 향해 끓는 세기말
달리Dali의 시계처럼
사물의 실체가 혼미하여
새들의 눈은 사시, 아니면 원시.

빛이 꺾인 한낮
허기에 헐떡이는 목마름이거나

불꽃으로 넘치는 밤이면
열기에 떠는 경기驚起

고가도로 난간 아래서
썩어가는 하천 바닥에서,
쌓이는 진개장 부근에서,

도시의 새는
날지도 않고 사는 타성을 익히며
퇴화되고 있는 날개를
더욱 화려하게 장식을 한다.

빛과 어둠의 혼란 속에서
실종된 오늘을 찾느라
내일을 꿈꾸지 못하는

도시의 새

오늘은 비가 내리고
자욱한 비안개 속에서
끝없이 무너지는
허공을 외면한 채
꺾인 날개의 깃털을
다듬고 있을 따름이다.

무너지는 새의 독백

갑갑하구나
일기예보는 칠월 장마가 온다는 오보만 하고
대지는 목이 타서 흑바람도 잦아들어
열대야 더위는 백년초 진액을 짜내는데

지친 육신은 피마저 말라붙는가
먹물 같은 어둠만 차올라
이토록 갑갑하고 숨이 차구나

밤마다 절망하면서도
아침마다 날 세운 눈으로
숨찬 하루가 진땀에 젖고

지친 영혼 가누고자 기대고 보면
모두가 허무의 벽이었나니
되돌아보고 다시 돌아보아도

가슴 아릿한 그리움 하나 없고
서쪽으로 기우는 붉은 해
주검의 자락 같은 긴 그림자 하나
뜨거운 황톳길에 눕혀놓고 가누나

무량 허공으로 떠돌던 바람이
응혈로 잘못 생성한 목숨이거나

심산유곡의 한 덩이 바위로 있다가
청천벽력으로 조각난 일순간
어긋난 천지조화로
목숨을 부지케 된 것이 아니라면

이렇듯 세상은 물기 없는 단절이요
모래알로 쌓였다 다시 무너지는 사구의
무망함일 수 있으랴

칠월 한발에
어서 비가 내려야 한다

인적 없는 어느 외진 실개천에 누워서
한 점 남김없이 어둠을 토해내고
남루하고 낡은 육신
참아 온 눈물 같은 빗물에
하얗게 씻기고 바래어져
밝은 날
푸른 풀섶에 빨래로 널렸다가
저녁노을 주홍빛 영혼으로
다시 한번 일어서고 싶다

제 3 부

산불(山火)

산불(山火)

어둠 저편 눈 부신 빛이 타오르고
붉은 하늘 자락이 펄럭인다
누구의 기염인가, 노염인가
거대한 새 한 마리 타오르는 빛을 휘감고
억겁의 연을 끊고 비천飛天하는가 보다

오월 한낮에

꽃 구슬 쏟아지는 소리로
현란한 빛으로 쏟아지는 빛무리.

휘파람새 하늘을 날듯
파도치는 도시의 거리는 스타카토.

밤꽃 흐드러지고
무덤가 허옇게 피어나는 찔레꽃
강둑 아래 붉은 자운영 질펀한 고향은
안단테

잃어버린 길은 늪이 되고
바람에 떠다니는 부평초 쩌려
그래도 살아있음의 짙푸름

주고받는 것이 바람일지라도
다시 밀어 올리는 시지프스의 바윗돌 무게만큼
가슴팍에 맺히는 투명한 땀방울 농도는 짙다.

살아 있는 것들의 현란한 색깔과
살아 있음의 소리로
세상은 출렁이는 파도
아니면
오월은 눈부신 빛보라!

마른 장미

11월 찬 바람 불고
푸른 물 떨어질 듯 푸르른 날
난전亂廛에서 장미꽃 한 송이 사 들고
화려한 창동 네거리를 건널 때는
꽃을 안은 내 팔에 무게가 실린다

늦가을 눈 부신 햇살만큼
조잘대며 오가는 아이들
화안한 이마에 싱그러운 바람 불어
내 꽃들은 재채기를 하고
풀 죽은 내 옷자락이 젖는다

언제였던가
오월의 풋풋한 잎새로
이 거리를 뜨겁게 너풀거리며
빈손 움켜쥐고 달려가면
가로막는 어두움.
되돌아 달려와도 다시 어둠의 벽

이런 반복의 도로徒勞

지쳐 뒷골목에서 허리 꺾고 앉아

어둠을 토하고 또 토하고 나면

새벽은 바다에서 오고 있었다

오늘은 11월

찬 바람 부는 황혼길에

장미꽃 몇 송이 사 들고 들어선 이 거리에

어둠의 벽은 처음부터 없었고

화안한 이마에 많은 바람 날리는

젊은이들의 흐름 그 너머

단지 무량의 공허만 막막할 뿐

내 인생의 행간에

소금보다 더 짠 앙금 같은

아픔마저 모두 빠져나가고

반지동 동산 아래 숨어 앉아
칡넝쿨 바구니에 꽂혀 있는
마른 장미의 빛깔이 더 곱다

그래
우리의 삶 끝자락에
고운 빛깔로 맺힌 마른 장미 같은
한 오라기 연민이라도 남는다면
그나마 우리는 행복이라 해도 좋으리

나그네 · 3

청회색 투명한 천공 너머로
빛이 오듯이, 다시
어둠이 오고 또 사라지고 또 오고

바다를 향한
키 큰 해송처럼
하늘을 우러러
참선하는 구도자의 모습으로
나그네 쉬지 않고 가고 있다

허리에 동여맨 탯줄
낡고 닳아 끊어질 듯
아이는 저만큼 앞서가고

지나온 날들은
건너야 할 다리 아래로
강물 되어 흘러가는데

홀로된 나그네 울지 않음은
하상河床에 누운 수많은 조약돌과
바람에 일렁이는 물비늘의 눈부심이
옛부터 그저 그 자리에 그렇게 그랬듯이
숨 가쁘게 달려온 날들 또한
그렇게 가야 하는 까닭인가 보다

앞질러 달려가는 아이는
자꾸 멀어져 가고
한 자락 바람에도 흔들리는 나그네 그림자

세월이 흘러가는 실개천
조약돌에 덮인 이끼쯤으로
잠깐 머물렀다가 다시 가야 하는
꿈속의 꿈길인 것을

그의 할머니의 할머니와 어머니의 어머니와 누이와
이 모두가 천륜이라 하듯
죽고 사는 일 또한
이미 예정된 인륜인가

이제 하루가 기울고 있다
어둠은 적막으로 쌓이고
지나온 꿈속으로
그의 아들이 꿈꾸듯 앞서 멀어져 가고
나그네 그림자는 깊은 어둠으로
천천히 지워지고 있나 보다

기차와 산나리

1.
동트는 새벽
희푸른 안개
맨살의 붉은 황토,
지천으로 피어 있는 찔레꽃

늦으면 놓칠세라
젖은 안개 속으로 헐떡이며
통학 열차에 오르면
차창으로 스쳐 가는 맑은 바람
동녘 하늘 붉은 햇발은
우리 이마에 빛으로 부서지고

목쉰 기적 소리 그리고 메케한 연기
오십 년대, 그때 그 소리에
우리의 가슴은 출렁이는 바다
격랑의 파도 그리고
내일을 꿈꾸는 갈매기였다

손때 묻은 한 조각의 빵을 나누며
허기를 견뎌온 날들,
통학 기차에서 아침도
저녁도 배가 고팠다

시간보다 빠르게 뛰어야 하는
1998, 세기말 우리의 생활은
라면 봉지 또는 종이컵의 찌꺼기
밤은 공허하고 아침은 지쳐 있다

유월의 장마 속,
오늘은 먹구름이 바쁘게 요동하고
바람 부는 쪽으로 빗줄기는 사선을 긋는다
비에 젖은 다리는 무겁고
이상한 무더위로
우리의 사고思考는 멈춰 버렸다

보이지도 들리지도 않는 막막함 속에서
그날의 완행열차가 수직으로 일어서
높이 달리고 있는지도 모른다
무변 천공 어디로

2.
월악산* 능선이거나
박산골* 골짜기에
아군도 적군도 아닌
어쩌면 오촌 아재, 사촌 오라비,
김 노인의 사대 독자 외아들

그들의 카키색 군복 조각과
녹슬고 망가진 총과
빗물 고인 삭은 철모

아직 시들지 못한 꽃잎같이
삭지 못한 팔과 다리

더러는 이빨과 턱, 늑골들이
피맺힌 파편으로 흩어져 있다

3.
이제
우리들은
그 산의 내력을 잊었거나 외면한 채
책 속에 활자로
서가에 장식물로 꽂혀 있을 뿐
유월의 산속에 피어나는
주황빛 나리꽃의 의미를 읽지 못한다

아침저녁 전철이나 고속버스 아니면
자가용으로 출퇴근,
완행열차는 타지 않는다

* 월악산, 박산골: 경남 소재. 육이오 당시 적군과의 교전이 치열했
  던 산과 골짜기 이름.

어느 가을날 여치의 해오 解悟

......

그래요, 생각나요……

울 엄니는 겨울 밤하늘 달처럼 창백했어요
여름날 무성한 풀섶에서 온갖 풀벌레들이 노래할 때도
울 엄니 목이 잠기셨어요

그저 날 하나 거두는 일에
새벽이 오고 밤이 깊어도
엄니의 머리칼 속은 언제나 젖어 있었어요

포만하여 잠이 든 나를 들여다보다가
긴 한숨 한 번 쉬고
철없이 투정하고 삐질 때도
엄니는 이마에 흘러내린 머리칼을 쓸어올리며
먼 산을 바라보셨을 뿐
암 말씀 없으셨고

이따금
잠이 온다고, 잠자고 싶다고
바람 소리처럼 혼잣말하셨어요

내 나이가 다 찬 후에도
엄니의 그런 한숨과
그런 표정과 그런 말씀을
나는 예사스레 흘렸고
귀담아듣지도 않았어요

지금은
여름날 무성했던 풀잎도
더러는 선 채로 말랐고
더러는 쓰러져 찬 땅에 누운 그 아래
세상일 다 놓으시고
울 엄니는 잠드셨어요

이제 나의 가늘고 긴 허리도 꺾이고
검불 아래로 발목이 자꾸 빠져들고 있어요

세상 모든 것 처음 제자리로 다 돌아가고
서쪽 하늘 붉게 타는 가을 황혼에 서서
비로소
울 엄니의 긴 한숨과
머리칼만 흘러내린
텅 빈 이마의 공허를 읽을 수가 있고

왜 자꾸 잠이 온다고, 잠자고 싶다고
바람 소리처럼 혼잣말하셨는지
그 까닭도 이제사 알겠어요.

뉘엿뉘엿 사위어 가는 의식의 끝자락에서
마지막 불러보는 울 엄니

- 엄니! 엄니! 울엄니!⋯⋯ -

흑백사진 한 장

아무도 없었다
아무 소리도 없었다
산모롱으로 돌아간 철길이
포기하지 못한 자의 절망으로 휘어져 있을 뿐이다

외톨로 남게 된 팔 푼 오라비를 달고
열일곱 살에 시집온 우리 숙모
그 많은 농사일을 싫다 좋다 한마디 말도 없이
소처럼 꾸역꾸역 일만 하는 오라비가 눈에 찔려

어둔 밤이거나 풋 새벽
철둑에서 들리는 우리 숙모 한숨 소리
산모롱을 돌아간 기적 소리에 묻히곤 했다

무녀독남 잘난 아들
객지에서 호의호식, 돌아오지 아니하고
지아비는 주색잡기 한량이라
돌아누워 살아온 지 어언 반백 년

언성 높여 말 한 번 아니하고
서럽다 눈물 한 번 보이지 않은 우리 숙모
몽달귀신으로 세상 뜬 오라비를
철둑 너머 버려진 쑥대밭에 묻던 날

세찬 햇살 질펀한 칠월 한낮
바람 한 점 일지 않는 백색白色 고요
일체가 정지한 깊은 하상河床이었다

우리 숙모
옥수수 넓은 잎새 아래서
설익은 옥수수수염 같은 머리칼을
자꾸 쓸어 올리고 있었다

올해도 철둑 너머 버려진 쑥대밭에
옥수수 넓은 잎새 사이사이
우리 숙모 희끗희끗 머리카락
옥수수수염으로 끼어 앉았다

처음과 끝이 잘려 나간 채
아무것도 보이지 않는
백색의 침묵으로 멈춰 버린
한 토막 흑백사진

쓸쓸한 날이면
눈앞에 펼쳐진다

풍란風蘭을 붙이며

하늘이 텅 빈 오늘은
마음 붙일 곳 없어
돌(石)에다 풍란을 붙인다

마른 늪
마른 바람
마른 손

긴 하루해
서천西天에 타는 노을인데

지친 내 의지의 새는
도로徒勞의 깃털을 뽑고

그러나
허물어지는 육신을 추슬러
아직도
몇 날을 버텨야 하는데

―돌피에 뿌리 뻗고
모질게 살았음을
끝내 한 송이 꽃으로 말하랴―

오늘은
삭아 내리는 가슴을 동여매듯
돌에다 풍란을 붙인다

석류꽃

기억하리
살아서 드나들던 골목
돌담이거나 나무 울타리거나
그런 울 너머 내다보는
석류꽃을 본 적이 있으리

살아도 사는 것 같잖은 날
그저 그냥 길을 걷다가
문득 고개 들어 보면
어디선가 본 듯한 얼굴과 마주칠 때처럼
길가 담장 위로 피어 있는 석류꽃을 본다

혼탁한 도시 길가에서 홀연히
내 기억의 수면 위로 떠오른
여리고도 투명한 선홍빛 꽃잎
저 혼자 애가 닳아 영혼마저
투명해진 꽃 석류꽃

집안의 내력인가
대대손손 그렇게 서 있는 석류나무
지금은 고비사막의 황사 바람인데
어쩌자고 그토록 애닳게 피는가
어쩌자고 이토록 난감한 의식의 땀을 흘리게 하는가

나뭇잎 떨어지듯이

찬 하늘이 더욱 푸른 날
숨찬 발걸음, 헐떡이는 숨결
느슨하게 풀며 뒤돌아봅니다

지나온 것이 꿈인가 아니면 생시인가
알 수 없는 막막함 속에
서쪽 하늘 노을이 붉습니다

처음과 끝은 하나라는데
처음이 어딘지 알지 못하듯이
어디가 끝인지 알지 못합니다

하늘이 차고 푸른 것은
마지막 계절이 깊어가는 까닭이며
노을이 붉은 것은 하루가 저무는 까닭입니다

마지막 계절의 저무는 하루
쉬었다 갈 수도 없으니 그저
빈 가지에 매달린 나뭇잎같이
가다 보면 떨어질 날이 오겠지요

길목마다 달은 있었네

내 유년의 달은
대숲 너머 우물 속에 있었다

아홉 살 아이의 달은
진종일 기다리는 엄마의 얼굴로
대추나무에 걸려 있었다

열일곱 소녀의 달은
외항선 아련한 불빛 따라
먼 나라의 동경과 꿈이었다

스물두 살 방황의 달은
파장한 난장 텅 빈 좌판 위
가난한 소주잔에 떠 있었다

원심력으로 달리던 불혹에
멈칫 서보는 짧은 시간
들녘 자욱이 달빛으로 내렸다

모든 것 제자리에 다 돌려놓고
지금은 남은 여분의 이순
달빛에 흘러가는 강물에 떠 있다

해묵은 이야기

장마 지난 강둑에 앉아
성당 뒤뜰 신부님 방 앞에 선
늙은 자두나무를 생각하며
둑 아래 자욱한 자운영을 본다

분홍빛 같기도 하고 보랏빛 같기도 한
자운영의 아련한 빛깔 속에서

여름이 넘치는 무성한 숲과
도라지, 산나리, 싸리꽃, 크고 작은 풀꽃들이
산과 바람의 내력을 엿듣는데

뜨겁게 꽂히는 팔월의 햇살이
눈부시고 마음 부시어
하늘과 땅이 가쁜 숨을 몰아쉬고
낮은 풀들은 입술이 마른다

그렇게 넘치는 여름은 짧고
산과 숲과 계곡을 태우고 간
그 뜨거운 날들의 흔적을 씻고
얼굴을 씻고 눈을 씻고 하늘을 본다

산자락 휘감고 들을 질러
하늘에 닿을 듯 길고 긴 강이 흐르고
그 강물에 구름이 흐르고
팔월의 뜨거운 숨결이 흐른다

모든 것 흘러가면 그뿐,
추억을 반추하는 우리의 가슴도
찬 바람에 낙엽 되어 흐른다

함정陷穽

민들레 씨앗으로 날려 보낸
종이비행기
아니면 종이배

오색 헝겊
대나무 가지에
너풀거리는 주문

사랑이노라 사랑이노라
속적삼 적시는
뜨거운 땀

창호지 젖는 달빛
달빛 흔드는 바람
바람에 흐느끼는
홀로 선 그림자

앙상한 손가락
지환으로 감기는 달무리

일체가
한 방울의 이슬
물의 꿈, 그리고
불의 몽상

물과 불로 생성하여
다시 불과 물로 소멸하나니
빛이거나 어둠이거나
남는 건 잠뿐

어둠에 눈 떠
빛으로 오는 잠

우리의 욕망도
우리의 사랑도

스러지는

노을 끝자리

허무의 늪

나그네의 백일몽

단 유리 벽 하나로
일체와 단절된 여기는
그을린 회벽과 삐걱이는 나무 의자
음울한 구석진 어디에선가 흘러나오는
무소르그스키의 전람회 그림
그리고
그저 덤덤한 맛의 붉은빛 토마토 주스 한 잔

이러한 풍경 속에
때 묻은 회색빛 외투의 무게는
이 공간의 평정을 위한 정물처럼
눅눅한 상황 설정을 하고 있다

유리 벽 너머 저쪽
인어처럼 꼬리가 있는 여자와
상어 같은 이빨이 있는 남자와
성경책을 든 늙은이와
눈에 불을 켠 젊은이와

나비 채를 들고 가는 아이와
나비가 된 아이와
그리고 풍선을 매달고
달리는 자동차와 자동차와

그러나 이것은 단지 유리 벽 저쪽

덤덤한 맛의 토마토 주스를 마셔 버렸고
몇 개비의 담배꽁초가 재떨이에 눕고
무소르그스키의 전람회의 그림은 자꾸 헛돌고
그리고
처음부터 녹슨 무쇠 냄새와

흔들리는 공간
흔들리는 평정
치받히는 구토

이것도 아니다

상황을 급선회시켜야 한다

낡은 외투 자락의 무게로
유리 벽을 관통해야 한다

그리고

엇갈리는 방향으로 흘러가고 또 흘러가는
저 낯선 무리 속에 섞여야 한다

외투 속의 알맹이를 버리고
낡은 외투 자락만 펄럭이게 하라
한점 바람에도 낄낄거리고
밟고 밟히며 바쁜 듯이 활개를 치며 걸어라
하늘에 주먹질하면 따라 주먹질하고
게거품을 물면 따라 게거품을 물고
박장대소를 하면 따라 박장대소를 하고
돌아서 도망을 가면 역시 도망을 가라

그리고
비가 내리면 비를 맞고
내리는 비에 무너지면
빗속에 누워라

그다음 깊은 잠에 빠져라
땟물이 빠지고 낡은 실오라기가
앙상한 뼈마디를 드러내고
실바람이 무시로 드나들게 되면
비로소
일어서라
한 푼의 무게도 없이 일어서
아지랑이가 되거라

아지랑이가 되어 강가에 배꽃이 되거나
계곡의 젖은 이끼가 되거나
아니면
계곡의 물로 풀려나

버들가지를 타고 올랐다가 바람이 되거나
바람이 되어 구천을 떠돌 듯
궁창을 헤매거나

예순이 지난 후에도

잡초 무성한 마당도 없어졌는데
엉금엉금 어둠이 기어드는 헛간도 없어졌는데
혼자 놀다 심심해져 선잠도 자지 않았는데

이제는 불러도 대답할 엄마도 없는데
기다리는 아무것도 없는데
잃은 것도, 되찾을 아무것도 없는데

하루가 기우는 저녁답
언덕 위 숲이 검게 깊어 가고
마지막 빛마저 스러져가는 길을 갔다가

어릴 적 선잠에서 깨어나
울면서 부르던 그 목소리로
느닷없이 부르는

    – 엄 마 아……

어둠이 무섭고 빈집이 무서워
엄마를 부르던 유년의 내가
어두워지는 유리창 저쪽에서

엄마를 부르며 울고 있다

제4부

그림과 화가

그림과 화가

남색 물빛과 분홍빛 꽃으로 아련한 몽상의 보랏빛 고갱과 방금 칼질한 피 흐르는 고등어 살 한 토막의 고야, 그리고 황금빛으로 출렁이는 들판과 키 큰 나무에 부는 바람 고흐,

이 세 사람의 그림 속으로 들어가면 인간의 절대 고독의 미학을 읽게 된다.

십일월의 달

작별처럼
새벽에 내린 찬비

낯선 도시
여행자의 이마처럼
차고 맑아라

비록
마지막 땅이 될지라도
남길 것 하나 없는
가벼운 날개여

찬 땅에 누운
마른 잎은 꿈꾸고
나무는 절제된 감성으로
기억의 잔재를 씻는다

봄은 겨울의 아픔이었고
여름은 봄의 몽상
가을은 여름의 무상이었나니

새벽 비는 멎고
바람은 맑아
떠나가는 것들의 모습은
순결하다

낡은 외투
마른 풀섶에 내려놓고

군청빛 하늘을 저어
십일월의 달 오르면

만고의 정적 털고
일어설 산의 몸짓으로
달무리 서는 꿈이 되어

비로소
깊은 잠이 되어도 좋으리

봄날에

이건 덧칠할 수 없는 수채화다

서른아홉에 죽은 내 언니 참꽃 치마
열무꽃 노랑 저고리
그 곁에 서서 행복했던 봄날이
미풍에 실려 오는가

떠날 것 다 떠나고
빈집 마루 끝에 앉아
멀거니 바라본 들판은
내 언니 죽던 날
눈물방울에 얼비친 그 봄날이다

머무를 것도, 떠날 것도,
가질 것도 버릴 것도 없어,
연분홍 아지랑이 속으로
있는 듯 없는 듯 한생이
봄날에 스치는 바람결인가 보다

겨울나무

남김없이 다 버리고
가장 간결한 사유로
찬 바람에 여린 가지 꺾여도
선 채로 침묵하는 것은
천 년의 먼 사랑을 만나기 위함인가

찬란한 계절이 발아래로 떨어지고
노을마저 사위어 가면
군청빛 깊은 고독으로 매 맞는 나무
칼바람에 아픔은 더욱 깊어가지만
나무는 먼 사랑을 꿈꾸는가

아픔까지 다 놓고
꿈마저 삭아 내리는 날 오면은
무망의 발부리에 물오르고
바람에 부대낀 허리에도 새움 돋으면
그때 천년의 사랑이 꽃으로 피어난 건가

나비의 꿈

1.
한여름 밤의 꿈처럼
장대 같은 빗줄기가
칠흑 같은 어둠에 내리꽂힐 때

늙은 비파나무 아래서
줄기차게 울었다

이승으로 동댕이쳐진
아픔 때문이었을까
배고픔 때문이었을까
전생과의 작별 때문이었을까

강보에 싸여
그렇게
울음으로 시작된
이승과의 인연은
물로 시작되었다

강물은 탓하지 아니하고
바람은 무시로 불고
생성소멸은 까닭이 없는 것
      이렇게
낙인된 꿈이었다.

2.
바람에 날려온
민들레 씨앗

까닭 없어도
뿌리 내리고
새싹 돋아나듯

전생의 허물 벗고
이승의 마당 가에서
해와 바람과 구름
그리고 비 맞으며

아이는 자라고 있었다

높은 담장과
빗장 지른 대문
사람 소리는 담장 밖에 있고
무섭고 눈물 나는
시간을 맴돌며
진종일 기다림이었다

기다리다 지쳐 잠이 든 아이는
제 채슐임에 놀라 잠을 깨면
땅거미 서물서물 기어들고
헛간이거나 마루 밑
아니면 방 안까지 들어앉고

아이는 점점 어둠에 풀려 보이지 않고
울음소리만 어둠을 흔들었다

이렇게
유년은
빈집 속에 갇힌
울음이었다

3.
망망한 바다 위로
나비 한 마리가 날고 있으나
실은
한 마리 나비가
끝없는 사막 위로 날고 있다

햇빛 나는 날이면
사막의 타는 갈증이었고
비 내리는 날이면
바다가 넘치는 해일이었다

길은 아무 데도 없고

기대어 안식할
한 그루 나무도 없는

아주 먼 먼
외로운 별
불모의 땅
한 마리의 나비였다

하늘과 바다가 손잡고
땅과 하늘이 서로 기댄
수평선 아니면
지평선 그곳

갈 수 있으리
그곳으로 가야만 하리

4,
긴 어둠의 난간이었다

어둠 속에서는

일체가 용해되어

망망대해도

끝없는 사막도

외로운 별도

불모의 땅도

존재하지 않는다

꿈속의 꿈을 깨어난 다음의

그 허망함같이

손으로 만지면

손마저 어둠이 되고

기대면 무너지는 어둠

깃발처럼 펄럭이던 머리칼도

도도한 오기도

날 선 눈빛도

장마철 쑥대밭
가뭄의 억새풀
그래도
보이지 않고

새벽이 오면
다시 한번
일어서리라
또 한 번
뛰어서 날아 보리라

그 새벽을 위하여
어둠을 닦아내고

자꾸 닦아내고 있었다

어떤 수묵화의 풍경

처음 눈 떠 본 세상은
가을의 끝이었고
비가 내리고 있었다

깊고 푸른 하늘
한 덩이 구름
눈부신 태양

어느 것 하나 없고
세상은 온통
막막한 물이었다

헐벗은 나무 한 주와
헛간의 어둠
물먹은 바람벽의
냉기뿐이었다

그렇게
시작된 세상은
줄창 비가 내렸고
길은 빗물에 넘쳐
암담한 혼돈에 빠지고 있었다

비와 빗소리에 울음 씻으며
기다림에 귀 기울였고
울음 다음 다시 귀 기울였으나
끝내 기다림은

속절없이 비를 맞는
어둠 그것이었다

오늘은 가을의 끝
멀고 가까운 모두 다
빗속에 잠겨 아득하고

찬 땅에 떨어져 누운 마른 잎
마지막 선홍빛이 곱다

길은 비로소
희디흰 속살 드러내고
그 길
비 맞고 가는 나그네
저녁 안개로 풀려나고 있다.

길

1.
황 노인은 낙동강 박진 나루터 모래밭에서
땅콩 심는 일과 이를 가꾸고 수확하는 일을
칠순이 넘는 지금까지도
뜨거운 햇살이거나 질척이는 궂은날이거나
낙동강 모래톱 땅콩밭을 하루같이 오르내려
황 노인 발밑에서 모래알이 바스러져 얼마쯤은 흙이 되었을 것이고
낙동강물이 줄어도 얼마큼은 줄었을 것이다

2.
황 노인댁 할멈은 월악산 기슭 대추나무골에서 열여섯 나이에 시집와
손끝이 야물어 살림살이 피가 나도록 맵게 살아
부엌 무쇠솥은 자르르 기름이 흐르고
대청마루 툇마루 할 것 없이 하루에도 몇 번씩 닦고 닦아
반들반들 윤이 나서 먼지 알갱이가 미끄러질 듯하다

냇가에서 얼음 깨어 무명 빨래 문질고 두들기고 부비고
헹구어
  마당 가득히 빨랫줄에 눈부시게 펄럭이고
  밤이면 다듬질에 홍두깨 올려 올곧고 반반하게 손질하여
  온 가족의 옷을 짓듯 일생 또한 쓸고 닦아
  집안 살림 반듯하게 바로잡는 일 하나로
  이것이 인생이거니 하고 살아왔었다

3.
황 노인의 큰아들 황 아무개는 부모님 사는 법 보고
반반하게 자라서 학문의 길을 걷느라 이십수 년
학당에서 날밤 새우기를 밥 먹듯 하며 평생을
학문의 길을 닦는 일 또한
아비 어미가 하는 일과 다를 바 없어
콩 심은 데 콩 나고 팥 심은 데 팥 난다고 했나 보다

4.
일찍이 속세를 떠나

불도에 몸 바친
황 노인의 둘째 아들 황 머시기는
산중 토굴에서 봄 여름 가을 겨울 계절을 잊은 채
견성오도見性悟道의 빛을 구하고자
참선에 정진 중이라
불도의 길을 평생 닦을 것이다

5.
황 노인이 황톳길 언덕을 넘어 낙동강 박진 나루터
　모래톱에서 땅콩 농사를 하느라 평생 그 길을 오르내리는 일과
　황 노인 안사람이 집안 살림 쓸고 닦는 일과
학문의 길에서 밤낮으로 책과 더불어 외길을 걷는 큰아들과
산중 토굴에서 불도를 닦느라 참선으로 증진하는 둘째 아들
이 모두가 제각기 다른 길을 가는 듯하나

실로 하나로 귀결되는, 모두가 닦는 길인 것을

6.
오늘 우리는 오욕에 눈 가려
제 눈에 재 뿌리는 일에만 헐떡여
허공으로 바람은 소리 내어 쓸고 가고
천둥 번개 치고 장대비 내려도
유전으로 내려오는 의식의 창은 캄캄하여
세상은 가도 가도 부끄럽고 서럽기만 한데
고쳐 생각하면
이 또한 얼마나 부질없는 상심인가

이승을 떠나는 날
하늘 높이 펄럭이는 만장과 꽃상여 호사인들
어찌 하늘과 땅을 잇는 무지개보다
찬란한 무상이 아니겠는가

바다로 가려네

눈발도 없이
흙바람 불어
맨살 찢기운
황량한 벌판
불모의 땅

우리는
발목 빠진 나목으로
어둠을 할퀴며
오욕의 인내를 잘라 내고 있으나

우리의 가슴은
푸른 바다를 향한
청청한 해송이나니

물로써 만나야 할
우리의 내일을 위해

유전하는 눈물의 족보를 해체하여
자유의 기폭을 만들고
새벽이 오면
바다로 나가야 하리

밤새껏 어둠으로 몸 씻고
빛으로 오는 해를 만나
우리의 추위와 설움
물로 풀어내어
맨살로 다시 일어서야지

우리가 아니고
내가 아니고
단지
물로써,
수평선 하나로
하늘과 손잡고
무변 무량의
바다가 되어야 하리

나비의 꿈 · 5

긴 머리칼 잘라 내고
어금니 거듭 다셔 물고
새파랗게 얼어붙은
새벽길 나서면
시야는 자욱한 안개

거리의 신호등 불빛은
한정 없이 무너지고
목덜미에 뻗쳐 오르는
시퍼런 대창

흔들리는 세상
그 흔들리는 세상 밖으로
밀려나는 의식

그 의식 밑창에서부터
무너지는 소리
그것은

허무의 공명共鳴이었다

줄창 찬비 내리고
중년의 오후는
젖은 기폭처럼
조용한 몽상

높고 낮은 것 한결같이
평면으로 내려앉고
일체가 무색이다

텅 빈 하늘
바람에 부대끼는
나목의 사변을 읽는다

허무의 벽을 넘는
비상의 날갯짓
허무의 실체여

나의 님은

오늘은 나뭇잎 떨어져 발등을 덮고
부는 바람은 낡은 옷자락을 날립니다

이제 곧 서산으로 떨어지려는
마지막 햇살이 유난히 눈부십니다

동녘 하늘이 밝아 오는 그때부터
곳곳을 찾아 헤매었습니다

외항선 밝은 불빛으로 갯가 방파제 난간에도
판자로 바람벽 한 좌판 위 소주잔 속에도

도시의 뒷골목 눅눅한 어둠을 들춰도 봤고
오가는 사람의 이마를 헤집어 보기도 했으며

바람 부는 날 대숲의 울음 속에서도,
도시의 흔들리는 불빛과 파장한 시장의 공허 속,

새벽 역두에 자욱한 안개 속,
철길 옆 보랏빛 시그널, 그 모두가
허망한 우수일 뿐이었습니다

지금은 어둠을 예비하는 계절
이순의 휘어지는 어깨가 서늘하고
삐걱거리는 관절들이 자꾸 꺾이는데

끝내 나의 님은 이승이 아니라
저승의 꿈이었나 봅니다

술을 마시네

적막공산
첩첩 어둠을 깔고 앉아
술을 마시네

일상의 뒤통수엔
눅눅한 폐가(廢家)가 있어
유전하는 환각의 독을 묻어 놓고
날마다
해(太陽)를 빚어 술을 담그면
진종일 개어 올랐다가
일몰이면 말갛게 익네

빈 가슴 넘치게
이 술을 마시면
나는
오월의 풀꽃을 뜯으며
포효하는 푸른 짐승이 되어
자꾸자꾸 눈이 밝아지네

적막공산
첩첩 어둠을 깔고 앉아
술을 마시면

목숨은 살아서 흙이 되고
의미는 삭아서 바람이 되고
술취한 나는
더 맑은 독한 술이 되어
천지에 철철 넘치다가
한 방울의 물이 되는 흔적도 볼 수 있네

나목裸木의 전설

남김 없이 다 버리고
가장 간결한 사유로
찬 바람에 여린 가지 꺾여도
선 채로 침묵하는 것은
천년의 먼 사랑을 만나기 위함인가

찬란한 계절이 발아래 떨어지고
노을마저 사위어 가면
군청빛 깊은 고독으로 매 맞는 나무
칼바람에 아픔은 더욱 깊어 가지만
나무는 그 자리 그 모습으로 침잠해 있다

아픔까지 다 놓고
의식마저 삭아 내리는 날
비로소 발부리에 물오르고
바람에 부대낀 허리에도 새 움 돋으면
그때 천년의 사랑이 꽃으로 피어날건가

…… ……

무망함이여

왜 배반하지 못하는가

비눗방울

유년은
바람이 저 혼자 타는 그네
뒷마당에 떨어진 허연 감꽃

열다섯 나이는
하늘을 나는 새가 되지만
한 번도 날아보지 못한 꿈이었다

젊은 날은 가당찮은 풍선
날마다 뜨거운 입김을 불어 넣지만
매번 하늘은 비를 내렸다

선잠에서 깨어난 오후
비로소 바라본 거울 속은
강가에 선 미루나무의 긴 그림자

낙엽을 쓸고 가는 가을 황혼
우리의 생은 허공의 비눗방울
한없이 가벼운 순간의 찬란함이여

섬

못다 한 생生의 끝자락
물기 가신 마른 가슴
작은 바람에도 흔들리다

깊고도 무거운 연緣
한 점 티끌로도 버리지 못하고
길 없는 바다에 내린 당신

젖은 옷자락, 그래도
푸른 머리칼
한 줌의 흙과 삭지 않는 바위

건너온 삶의 질곡마다
맨살 찢는 달(月)이 있어
지워도 지워지지 않는 애끓는 미움

오늘도 깎이고 뜯기어 차라리
파도에 몸 푸는 영혼
    바다의 섬

비 오는 날에

방범 창살 너머 행길을 내다본다
사흘 낮 밤 줄창 내리는 비다

오가는 차량의 불빛만 빗물에 젖고
길을 걷는 사람은 보이지 않는다

다들 어디 갔을까

밤길 걷던 젊은 날
비를 맞고 푸르게 살아올라

전신을 끓이던 그 자유의 날들은
빗물에 흘러갔는가

세월의 먼지만 쌓인 빈방에서
마지막 이별 연습을 홀로 하기엔 너무 적적하다

● 평설

추창영의 시 세계

전문수 창원대학교 명예교수·문학평론가

 자신의 사생활 관리에 매우 엄격했던 태도가 지나친 겸손으로 비쳐서 결벽증으로까지 오인되었던 고 추창영 시인의 대인관계는 여러 모임에서 더러 회자되기도 했다. 이런 자기 삶의 모럴은 역시 시작 발표에도 너무 신중해서 과작이었던 게 사실이다. 특히 지역 문학모임 동호인들에게 충분히 격의 없이 펴 보여도 될 것들도 민망하게 너무 엄격할 때가 많아 그리 편한 관계를 나누지는 못하는 경우도 혹 있었다. 그러나 필자가 보기에는 편견이라는 생각을 많이 했다. 단 한 걸음의 발자국도 남에게 폐를 끼치지 않으려는 진실한 배려는 오히려 존경을 받는 경우가 더 많았기 때문이다.

처음 창원의 새 아파트로 입주한 후 어떤 계기로 필자가 집에 초대되어 들렀을 때 매우 놀랐던 일이 기억난다. 넓은 아파트 남쪽 넓은 베란다에 완전히 희귀한 종류의 난과 분재들을 주종으로 고급 화분들이 잘 가꾸어져 마치 아름다운 시원이라는 생각을 넘어 작은 식물원이 되어 있어서 참 장관이었다. 공들인 열정이나 애착이 곳곳에 배어 있었다. 이 시인의 시심의 저변이 이렇게 길러지고 있구나 하는 생각을 하게 되었고 자연과의 교감이 이리 순수하다는 신뢰가 갔다. 미래에 분명히 시 문명을 얻을 것으로 그때 확신하기도 했었다.

그런데 찻상 머리에서 담소를 나누다가 참으로 안타까운 사연을 알게 되었는데 건강 상태가 매우 안 좋아서 늘 감기몸살 같은 신고에 시달린다는 것이었다. 그래서 언제부터인가 습관적으로 스트레스를 진정시키기 위해 당시 유명제약사 진정제의 대명사이던 판피린을 요구르트 마시듯 과다 복용하는 것이었다. 통으로 사다 놓고 먹는 것을 지적했으나 중독성 때문에 본인도 더 아픔을 겪는다고 했다.

뒷날 조금씩 알게 되었지만 그건 쉽게 못 고치는 아픈 개인사의 인생 독 바이러스들이 있다는 것이었다. 그러나 비교적 교분이 두텁던 필자로서는 언젠가는 명시를 터트릴 것이라는 기대에 쾌차하리라 믿었었다.

이런 일화를 굳이 글 서두에 하는 것은 인생이란 누구나 내면에 크든 작든 모순 관계를 지닌다는 점이 오히려 그 개인을 이해하는 기본이 돼야 한다는 것이다. 그래서 문학 연구에서 가장 초보가 작가론인 것이다.

작가의 일화가 그 작가와 작품을 아는 근원이라는 뜻이다. 우선 추창영의 시를 알려면 그리고 그의 시를 이해하려면 최소한의 정확한 정보가 전제로 깔려야 한다는 것이다.

어떤 삶도 방패와 창의 두 관계 싸움이고, 천신도 알 정도로 고된 원죄에서 시작되기 때문이다. 이런 모순이 어느 정도인가를 아는 것이 그의 문학적 언어의 기저가 된다. 마치 아파트 베란다의 화려한 식물정원과 바로 벽 하나로 갈린 방 안의 인간 존재 관계는 판피린과 기침 소리와 화려한 꽃봉오리 사이의 모순과도 같은 것이다. 추창영도 역시 나약한 한 인간이고 고달픈 한 여인이었다는 안타까움에 지금도 마음이 아프다.

어느 날 추모 시선집의 발문 요청을 받고 필자는 선뜻 허락했다. 저간의 교분도 그렇지만 우선 그간 추창영의 시가 어떠했는지가 너무 궁금했기 때문이다. 발문은 대개 평설이나 해설이 주이지만 본래 그 발단이 예부터 시집의 각 작품을 다 읽을 수 없는 독자를 위해 요약해서 진정한 시인의 시 정신을 대신해서 밝혀주는 기능이다.

간단히 시를 납득할 수 있도록 하는 것이기에 가급적 사족이 안 달리도록 하면서 추창영 시를 독자가 직접 읽도록 하는 것이 핵심이니 고인에게 누가 되지 않도록 필설에 들고자 한다.

1. 시적 기저에 위대한 놀라운 시학적 개안

 너무 거창한 명제를 감히 이렇게 서두에 휘둘려 써도 되는지에 대해 폭력적 필설 아니냐고 지적할 할 수 있을 것이다. 그가 지금까지 결벽증처럼 시 작품을 발표하지 못한 것을 필자가 대신 자신 있게 변명해주고 싶어졌기 때문이다. 우선 아래 시를 모두 일독하기를 권한다. 그리고 왜 이 시가 참으로 가치가 있는지 각자 자기 시에 대해 이해하고 시력에 대해 되돌아보는 기회가 되기를 제언하고 싶기 때문이다.
 시는 독자의 수준만큼 그 진가를 얻어가는 대단히 신묘한 능력을 가졌다는 것을 실감하리라 믿는다.

> 누구도 모른다
> 고향이 어딘지 누구도 모른다
> 아비의 얼굴을 누구도 모른다

어미의 목소리를 누구도 모른다
빈집에서 꿈만 꾸었으니까

유월, 뒤뜰에 허옇게 떨어진
감꽃을 실에 꿰어 목에 걸 때도
자글자글 끓는 칠월 한낮
채송화 꽃잎을 뜯어 해를 볼 때도
나는 늘 심심했으니까

언제나 어금니를 다셔 물었고
손은 바람을 움켜쥐고
발바닥은 언제나 젖어
젊은 날의 노래는 허연 입김이 어렸었다
홍역은 차라리 열꽃이었으니까

바닷가에서 먼 나라를 꿈꾸었고
바람 불거나 비가 내리는 길에서
누구를 만나면 손을 잡아 보지만
누구도 내가 모르는 것을 모른다
이런 어리석음의 날들을 보내고

이제는 바람도 자고

서쪽 창밖 햇살이 눈 부시어

　　　돌아서서 등받이를 하지만

　　　아직도 내 방에는 거울 한 조각이 없다.

　　　아직도 나를 보지 못한다

　　　나를 담은 세월의 강은 흘러 흘러

　　　바다에서나 나를 만나게 될 건가

　　　　　　　　　　　　　　─〈거울〉 전문

　작시를 하는 시인들치고 아마 저 프로이트의 수제자라 할 수 있는 라캉의 심리이론과 언어의 상징주의 구조 미학을 모르는 사람은 없을 것이다. 이분이 그 유명한 거울 이론의 원조라는 간단한 문구로 대변될 것 같다. 다시 또 단 한 문장으로 요약하면 소위 상상계, 상징계, 실재계의 3단계의 인간 인식 구조에 대한 정곡을 가른 대가이다. 그렇다고 추창영 시인이 이 라캉의 이론을 알고 있어서 능통한 라캉 시론의 실력자라는 것은 전혀 아니다. 오히려 어떤 선지식에 대한 추호의 전제 없이 순수한 자기 특유의 시력으로 시적 개안을 이룬 것은 일찍이 보기 드문 놀라운 눈뜸이라 할 수 있다. 진실로 자기 혼자 거울의 성격을 깨달은 가히 당 시대의 선구자라고 보고 싶기도 하다. 필자는 이에 깜짝 놀란 것이다.

아마 시론 연구자 외에는 일반 시인들로서는 그 당시에 이 시의 라캉 거울 이론의 의미를, 설령 공부 좀 했다고 해도 조견력照見力은 그리 쉽게 얻기 힘들 것이다.

이 세상에 어디고 거울은 천지에 흔한데 왜 내 방에는 거울 한 조각 없다고 한탄하고 결국 내가 죽어 이 세상 누리고 있는 강물에서 벗어나, 바다에 이르러서나 나를 보여주는 거울을 만날 것이라고 절망하며 시를 종결시켰을까 싶다. 거울에 대한 자신 있는 거울 성격을 확신하고 있기 때문이다.

좀 어폐가 있지만, 거울 속에 자기 얼굴을 비추어 그걸 나 자신이라고 착각하고 살아온 사람은 모두 다 시인이 될 자격이 없다고 보는 것이 정곡이라 더 놀랐다.

거울은 비추는 대로 보여주는 도구이자 누구에게도 대답해주는 일은 전혀 못 하는 유리 조각일 뿐이다. 더구나 거울 속 형상도 정반대로 가짜거니와 인간은 전혀 제 얼굴을 찾아볼 수 없는 존재이다. 단지 거울이 가짜라도 그리 짐작하고 도구로 사용할 뿐인데 모두 오랫동안 너는 거울도 안 보고 사느냐고 무식한 소리를 하고들 살아오고 있다. 시인 아닌 일반인들이야 지금도 아마 뜻을 선뜻 알아차리지 못할 것이다. 자기와 자기가 마주쳐 진짜 자기 얼굴을 보려면 자기가 둘이 되어야 하는데 이건 우주의 빅뱅이 다시 와도 불가능하다.

인간은 태어나 한 살 정도까지는 자기가 사람인지를 모른다. 라캉은 이를 상상계라고 하고 모든 사물이 다 자기와 같다고 생각을 하는 이런 단계를 거치게 된다. 두 살 정도에서 대개 처음으로 거울 속의 제 모습을 보고 인간이란 존재의 상징계로 들어서서 엄마와 아빠를 자기와 구별한다는 것이다. 결국, 어떤 위대한 인간도 상징적인 인간만 알며 살고 진짜 인간은 알지 못하고 죽은 존재라는 것이다.

　그러니 문제는 실재계까지도 자기는 어떤 존재인지를 전혀 알지 못하고 살다 죽는 것이 인간이다. 라캉 이론의 본질을 추 시인은 그 깊은 철학을 스스로 개안해서 알아차린 것이 이 시라 본다. 그 증거는 이 시 안에 차고 넘친다.

　시 전체로 보아 매우 거짓 없이 이를 알아차리는 과정을 형상화해 내고 있다. 이 한 편으로 추 시인의 시력은 당 시대 시인들이 꿈도 못 꾸는 존재였음을 보여주는 여실한 증거다. 당연히 여타의 전체 시들 전부가 다 이런 인식의 지배하에서 이루어지고 있다고 보기에 이 시 선집 발문에 이런 극찬을 감히 앞세워야 마땅해 지적해두는 것이다.

　불교에서는 이런 개안을 법문으로 일러 말씀하시기를 단지불회但知不會면 시즉견성是即見性이라고 한다. 독자들은 굳이 이에 대해 검색을 해서 보충하기를 권한다.

주지하는 바와 같이 소크라테스는 죽음을 맞은 순간의 입장에서 인생이 무엇인지 모른다는 것만 깨닫고 죽는다고 말했다고 한다. 이런 선지식은 일종의 개념과 관념 사항이니까 누구나 쉽게 말할 수 있을 것 같은데, 거울 한 조각 벽에 걸려 있지 않다고 한 이런 형상화는 추 시인이 아니고는 견성의 경지라고 말할 수 없을지 모른다. 말년에 천주교에서 불교로 관심이 기울던 것을 알고 있는 필자는 아마 그 영향도 짐작은 된다.

세상은 거울 속의 자기 얼굴이 가짜라는 속임수를 의심도 해보지 않고 거울에 의지하며 살고 있다. 돈, 명예, 직위 등등은 다 가짜 거울이라는 것을 알면 다 시인의 반열에 들 것인데.

다음 시 〈자목련〉에 들어서면 더욱 기가 탁 막히는 놀라는 시적 인식을 발견하게 되어 평설하고자 한다. 이 시인의 혜안은 여기서도 그대로 드러난다. "회유하는 색깔은 서로가 서로를 흡수하여/ 마침내 일체를 거부하는/ 하나의 빛깔, 하얗게 표백되고// 눈이 부시게 새하얀 허공에/ 한 마리 새가 날아가다 멈칫 날개를 접는 순간/ 나는 딱정벌레의 눈을 열고 이를 목격한다"

딱정벌레 눈 뜸의 결과는 그 자유의 새가 특정한 자목

련의 꽃으로 한정되어 고착화되는 존재 원리를 깨닫는 것이었다. 딱정벌레의 눈이 돼야 기존 눈꺼풀을 다시 열고 새로운 존재를 볼 수 있다는 존재론을 펼친 셈이다.

 프리즘에 합류된 빛은 흰빛의 원리대로 자유의 의지로 변해 모든 존재를 실체 존재가 되게 하는 신통력을 발휘하는 빛이 된다.

 그러나 특정 빛을 개인 것으로 소유하는 순간, 특정 존재로 구체화되어 자유를 잃는다는 의미이다. 모든 꽃은 특정 색을 얻어서 개체로 한정되는 불가피성을 넘어 거대한 자유라는 세계로 날아 어디고 의미를 넓힐 수 없음에 대한 참신한 시적 사유다.

 시인 자신의 자유의지를 발현시키고 싶다는 직시적 시각이라 본다. 상당히 특급 수준의 시적 탁견이라 생각된다.

 흑장미는 진한 애정이라는 특성을 얻는 순간 비참한 슬픔도 함께 안아야 한다. 비극의 씨앗은 이렇게 잠재돼서 싹튼다. 은연중에 인간 존재의 실존을 암시하는 거시적 자각이다. 나는 자유로 날던 무색의 흰 새가 되고 싶지만 어떤 특정 조건에 의해 운명적으로 자색 하나 얻어 흰 목련 흉내나 내는 이런 한탄 참 멋있지 않은가?

 만물을 큰 눈으로 둘러보면 이 세상의 모든 생명체는 아마 이런 운명적 환경 조건에서 특수해지고 특정될 수

밖에 없을 것이다.

　어떤 색에서도 자유인 흰색이 아닌 모든 색을 통어하는 특정 꽃의 색깔로 주저앉는 발상은 탁월한 시적 안목이다. 자유의 흰 목련의 새가 자목련으로 주저앉는 모습을 사월의 한 오후가 뜬 눈을 시인이 보아낸 거대한 발견의 시다. 이 시의 중심사상은 이 한 구절로 거뜬히 감당하고도 남는다.

　　　사월, 그날 오후
　　　아무 생각 없이 그저 손톱을 물어뜯다가
　　　이마저 시들해져서
　　　꾸벅꾸벅 오수에 빠져들고

　　　무거워진 눈꺼풀 속엔
　　　프리즘에 집채 된
　　　일곱 색깔의 태양이
　　　아득한 궁혈로부터 쏟아진다

　　　두 팔을 들고 휘저어 보지만
　　　손아귀는 빈 주먹
　　　점점 작아진 나는 딱정벌레가 되고
　　　속도를 더해가는 빛깔의 회전축이 된다

회유하는 색깔은 서로가 서로를 흡수하여
마침내 일체를 거부하는
하나의 빛깔, 하얗게 표백되고

눈이 부시게 새하얀 허공에
한 마리 새가 날아가다 멈칫 날개를 접는 순간
나는 딱정벌레의 눈을 열고 이를 목격한다

사월, 그날의 오후
백일몽에서 깨어나 내다본 풍경

신록으로 치닫는 푸른 잎새 그늘
날개를 접은 새가 다시 날아
자목련꽃으로 앉아 있더라

―〈자목련〉 전문

 시인은 이런 존재론적 이치를 누구나 기억하라고 부탁까지 하고 있다. 그런 또 다른 시가 바로 살아서 드나들던 골목의 〈석류꽃〉이라고 다시 일러준다. 우리 모두 살며 드나들었던 골목길 울타리의 꽃들이라는 것을 거듭 일러주고 있다. 살아 숨 쉬는 진짜 시는 이렇게 쓰는 것이라고 안내해 준다고 할 수 있다.

기억하리

살아서 드나들던 골목

돌담이거나 나무 울타리거나

그런 울 너머 내다보는

석류꽃을 본 적이 있으리

살아도 사는 것 같잖은 날

그저 그냥 길을 걷다가

문득 고개 들어 보면

어디선가 본 듯한 얼굴과 마주칠 때처럼

길가 담장 위로 피어 있는 석류꽃을 본다

혼탁한 도시 길가에서 홀연히

내 기억의 수면 위로 떠오른

여리고도 투명한 선홍빛 꽃잎

저 혼자 애가 닳아 영혼마저

투명해진 꽃 석류꽃

집안의 내력인가

대대손손 그렇게 서 있는 석류나무

지금은 고비사막의 황사 바람인데

어쩌자고 그토록 애닯게 피는가

어쩌자고 이토록 난감한 의식의 땀을 흘리게 하는가

—〈석류꽃〉 전문

태양이 천 번 뜨고, 천 번의 달이 지고
그렇게 긴 잠에서 부스스 눈을 비비고
생신가 꿈인가 몽롱한 의식으로
몇 날을 더 흘리고 난 후 창밖을 본다

하늘은 무겁게 내려앉아
아침인가 저녁인가 알 수 없고
그 누구의 힘인가 세차게 들이닥치는 바람
그 바람도 내 방에서 눅눅하게 젖어 풀이 죽는다

바람에 부대끼는 창밖 세상은 서서히 지워지고
나의 방은 깊고 깊은 침묵 한가운데서
수천만 년 견뎌온 동굴이 되고
나는 변신한 한 마리의 곤충이 된다

날이 갈수록
몸은 자꾸 길어지고,
하얗게 표백되고,
눈이 있어도 보이지 않고

눈이 없어도 보이는 이 엄청난 변신

하여 동굴 속의 어둠과 침묵은
기나긴 역사가 되고
끝내 내장까지 다 보이는 곤충은
진정 투명한 목숨이 되어
천날만날 그렇게 살게 되나 보다

—〈그 후의 변신〉 전문

결국, 자목련의 변신처럼 인생은 자기 실체를 비추는 거울 한 조각 걸어보지 못하고 종말은 반복되고 있다는 생사의 이법을 아는 것으로 시적 큰 사유 패턴 하나를 추 시인은 살뜰히 일러주고 있다.

2. 사물들 행간에 누리는 고결한 시학

모든 존재는 본래 무주無主가 본질이다. 다만 어떤 관계 속에 연계될 때는 그 실존하는 순간에 실체를 얻어 잠시 주인이 된다. 그래서 사물은 고정된 주인이라는 존재가 없다. 그러니 언제나 있는 대로 먼저 보라고 한다. 따라서 진정한 예술가는 사물의 존재 행간에서 인간 존재 실존을 보며 고독한 침잠에 든다고 본 것이다.

그래서 반드시 사물 간의 행간에 들어가서 존재를 온몸으로 감득하는 진실에 쾌락을 느껴 우주의 신비를 체험하는 자가 시인이다. 시 역시 자기 체험의 진실에 들어 온몸으로 체감하는 진여의 황홀함 없이 본인데 말을 조작하여 무슨 고도의 지적인 무엇을 안 것처럼 위장하는 것은 시가 아니고 사기이고 그런 시인은 자격도 없다.

추 시인은 이런 행간의 미적 진실을 알고 있는 시학을 갖춘 시인이었다.

다음 시를 독파하면 금방 이해가 될 것이다.

> 남색 물빛과 분홍빛 꽃으로 아련한 몽상의 보랏빛 고갱과
> 방금 칼질한 피 흐르는 고등어 살 한 토막의 고야, 그리고
> 황금빛으로 출렁이는 들판과 키 큰 나무에 부는 바람 고흐,
> 이 세 사람의 그림 속으로 들어가면 인간의 절대 고독의 미학을 읽게 된다.
>
> ―〈그림과 화가〉 전문

색을 절묘하게 다루는 고갱의 행동은 보랏빛을 단순히

그리기 위해서가 아니라 남색 물빛과 분홍색 꽃 행간 속에 들어가 몽상의 보랏빛을 체감하는 화가의 황홀한 고독을 이해한 것이다. 물과 꽃이란 동적 존재와 정적 존재 행간에 들어가 노닐 수 있는 자가 절대 고독의 미학을 아는 화가라는 것이다. 고독은 우주 절대의 진리에 들어가는 탐구자의 영역이다. 외롭다는 감성 수준이 아니다. 존재의 본질을 알아차리는 자의 미적 철학자 행각이 고독이다.

여기다가 방금 토막 당한 고등어의 피와 파닥이는 몸통의 고통 사이를 체감하는 것은 곧 삶의 생생한 토막들을 진심으로 터득하는 실존의 진리를 온몸으로 인지하는 것이 예술가라는 것이다. 단순히 어떤 풍경을 그리는 복사자가 아니라는 것이다. 삶 속에 같이 사는 자의 미학이라는 것이다. 모방 잘 해내는 그리기 기술자로서 기계적 재주를 부리는 도구가 화가는 아니라는 것이다.

황금빛으로 출렁이는 들판과 키 큰 나무에 부는 바람, 오곡이 출렁이는 들판과 바람 사이의 동질성과 합함의 조화에 들어 우주의 절대 존재에 대한 외경을 감지하는 구조자의 자세를 화가 고흐에게서 본 것이다. 예술가의 조건, 시인의 정신세계를 일러주고자 한 것이다. 상식적인 시시한 이야기를 시랍시고 써서 희희거리는 도로를 넌지시 지적하는 것이라 보아도 될 것 같다. 고도의 안목을 이 시인은 갖고 있었다.

   그래서 드디어 추창영은 다음의 〈풍란을 붙이며〉란 명시 한 편을 절대 시학의 독법으로 고독하게 창조하는 단계에 이른다.

> 하늘이 텅 빈 오늘은
> 마음 붙일 곳 없어
> 돌(石)에다 풍란을 붙인다
>
> 마른 늪
> 마른 바람
> 마른 손
>
> 긴 하루해
> 서천西天에 타는 노을인데
>
> 지친 내 의지의 새는
> 도로徒勞의 깃털을 뽑고
>
> 그러나
> 허물어지는 육신을 추슬러
> 아직도

몇 날을 버텨야 하는데

—돌피에 뿌리 뻗고
모질게 살았음을
끝내 한 송이 꽃으로 말하랴—

오늘은
삭아 내리는 가슴을 동여매듯
돌에다 풍란을 붙인다

—〈풍란을 붙이며〉 전문

 "마른 늪/ 마른 바람/ 마른 손" 돌은 마른 늪이고 그래서 마른 바람이 이는 곳일 뿐이다. 여기에 쇠약해져 말라빠진 시인의 손이 이 가당치 않은 짓을 하는 것은 오직 기적의 생명현상이 재생되기를 기원하는 시인의 간절한 바람이 절규되고 있다.

 뼈아픈 병고의 현실을 이렇게 고상하고 품격있게 시적 형상화 작업을 한 것은 어쩌다가 아니라 그의 시적 역량이 어떠한지를 천명해 보인 것이라 보아야 한다.

 "삭아 내리는 가슴을 동여매듯/ 돌에다 풍란을 붙"이는 이 피맺힌 시적 형상 작업은 가히 일물일어一物一語의 시적 적중 표현이다. 아마 이 시 한 편으로도 추창영은 후

학들에게 큰 선물을 주고 간 선배 시인이라 할 수 있다.

"돌피에 뿌리 뻗고/ 모질게 살았음을/ 끝내 한 송이 꽃으로 말하랴" 한 인생의 모진 삶의 끝에는 한 송이 꽃이라는 것을 우리는 비로소 깨달아야 한다는 잠언이 바로 이런 것 아닌가 한다.

돌과 풍란이라는 일만 팔촌 먼 거리의 무생물 돌에 고상하기 그지없는 대표적 생물 풍란을 접목하려는 이런 폭력적 결합을 미술가들의 입에서는 최고의 미학이라고 회자하고 있는 것을 알고 있다면 바로 여기서 추 시인의 그 실상 미학을 목격하게 될 것이다.

이런 폭력적 결합의 미학을 다소 거칠게 다룬 언설이 있더라도 다음 시에서도 그 정신은 다시 이어져 간다.

"처음과 끝은 하나라는데/ 처음이 어딘지 알지 못하듯이/ 어디가 끝인지 알지 못합니다" 그러나 다만 "하늘이 차고 푸른 것은/ 마지막 계절이 깊어 가는 까닭이며/ 노을이 붉은 것은 하루가 저무는 까닭입니다"라는 이 넌지시 던지는 능청맞음은 바로 현존재는 바로 이것뿐이라는 빈말 같은 참말을 하며 "마지막 계절의 저무는 하루/ 쉬었다 갈 수도 없으니" 마지막까지 꾸준히 가다가 절로 떨어지는 낙엽처럼 초연 자연 자세를 보인다. 이는 처음과 끝을 모른다는 시적 탁견이다.

찬 하늘이 더욱 푸른 날

숨찬 발걸음, 헐떡이는 숨결

느슨하게 풀며 뒤돌아봅니다

지나온 것이 꿈인가 아니면 생시인가

알 수 없는 막막함 속에

서쪽 하늘 노을이 붉습니다

처음과 끝은 하나라는데

처음이 어딘지 알지 못하듯이

어디가 끝인지 알지 못합니다

하늘이 차고 푸른 것은

마지막 계절이 깊어 가는 까닭이며

노을이 붉은 것은 하루가 저무는 까닭입니다

마지막 계절의 저무는 하루

쉬었다 갈 수도 없으니 그저

빈 가지에 매달린 나뭇잎같이

가다 보면 떨어질 날이 오겠지요

―〈나뭇잎 떨어지듯이〉 전문

유리창 저쪽에서 빈집에 다가서는 어둠을 보며 어릴 적 엄마를 불러내는 이 기발한 육십 대 무서운 노인은 바로 이 시인임이 틀림없다. 이도 한 폭력적 결합의 미학이라 볼 수 있다. 시가 무엇인지를 아는 시인이다.

    잡초 무성한 마당도 없어졌는데
    엉금엉금 어둠이 기어드는 헛간도 없어졌는데
    혼자 놀다 심심해져 선잠도 자지 않았는데

    이제는 불러도 대답할 엄마도 없는데
    기다리는 아무것도 없는데
    잃은 것도, 되찾을 아무것도 없는데

    하루가 기우는 저녁답
    언덕 위 숲이 검게 깊어 가고
    마지막 빛마저 스러져가는 길을 갔다가

    어릴 적 선잠에서 깨어나
    울면서 부르던 그 목소리로
    느닷없이 부르는

      – 엄 마 아……

어둠이 무섭고 빈집이 무서워

엄마를 부르던 유년의 내가

어두워지는 유리창 저쪽에서

엄마를 부르며 울고 있다

—〈예순이 지난 후에도〉 전문

3. 덧칠할 수 없는 시학의 예각에 대해

이건 덧칠할 수 없는 수채화다

서른아홉에 죽은 내 언니 참꽃 치마

열무꽃 노랑 저고리

그 곁에 서서 행복했던 봄날이

미풍에 실려 오는가

떠날 것 다 떠나고

빈집 마루 끝에 앉아

멀거니 바라본 들판은

내 언니 죽던 날

눈물방울에 얼비친 그 봄날이다

머무를 것도, 떠날 것도,

가질 것도 버릴 것도 없어,

연분홍 아지랑이 속으로

있는 듯 없는 듯 한생이

봄날에 스치는 바람결인가 보다

―〈봄날에〉 전문

"이건 덧칠할 수 없는 수채화다"라는 이 명문구 하나를 화두로 툭 던져 놓은 무시무시한 시학을 다시 의미하고자 한다. 아무도 작시의 정수를 제시하지 못한 것은 단 한 문구로 시의 눈을 번쩍 뜨게 하는 시론은 없을 것 같다. 이 이론은 지금까지 입버릇처럼 시 강의에서 주장해 오던 시론인데 추창영 시에서 이 귀한 문장 하나를 발견하고 탄성이 터진 것이다.

이 시 〈봄날에〉 첫 구문 하나로 한 연을 단호히 잡은 것은 이 한 문장으로 시론을 요약한 것과 같다고 할 수 있다. 그래서 시 전체의 인식 구조가 단순히 시 구성면의 문제가 아니라 시인의 시적 저력에 대한 명증적 확인을 주고 있기에 매우 가치가 높다고 본다.

이 첫 연에 압도되어 여타 시문들이 그냥 절로 다 보조 역할이 되는 것을 어찌할 수가 없다. 이는 자연관을 보는 경지에서 훨씬 승화되고 시론의 보편성을 획득하는 시학

핵심어가 되고 있다.

시는 거창하고 고상한 특수 언어로 시인이 구상한 사상이나 정념으로 만드는 고통이라고 하는 매우 그릇된 이해로부터 깨어날 때 '시는 언어로 덧칠해서 시적 진실을 잡아내는 것이 아니라 본재의 천문을 그대로 지켜주는 절묘한 방법을 발설하는 것'이라고 필자는 주장해왔다. 그게 바로 시는 더하면 죽는다는 것이다. 서예를 아는 사람은 한 획도 더하면 안 된다는 것을 안다. 화가도 이를 철저하게 지킨다. 초보자들은 멋모르고 달려들어 덧칠하기 마련이다. 일필휘지는 천문의 미학이다.

> 서른아홉에 죽은 내 언니 참꽃 치마
> 열무꽃 노랑 저고리
> 그 곁에 서서 행복했던 봄날이
> 미풍에 실려 오는가
>
> ―〈봄날에〉 일부

"내 언니 참꽃 치마/ 열무꽃 노랑 저고리/ 그 곁에 서서 행복했던 봄날"을 누가 감히 덧칠해서 그릇되게 만들겠는가를 생각해보라는 뜻이다. 이것은 어떤 경우에서도 시인의 가슴에 박혀 있는 원색은 덧칠이 불가능하다는 것을 은유적으로 강조한 것이지 그 실상을 독자들이 그려보라는 것이 아니라는 것을 깨닫는다면 시어 처리의 경지가 어느 정도 수준이라야 하는 것을 알아차릴 것이다.

시는 언어의 조작된 덧칠이 아니라는 이 위대한 명언에 우리는 다시 귀 기울여야 한다.

4. 잡을 손 하나 없는 삶에 대한 혜안

모든 생물은 다 잡을 손을 갖고 있다. 이런 때 시적 사유의 환유적 형상화가 시인에게는 언어 기술로 잡을 손을 만드는 것 같다. 덩굴식물은 다 손을 갖고 있다고 하며 우리 인간의 손을 슬쩍 빌려주고는 대화를 건다. 그러면서도 워낙 범주가 거대한 것은 경계를 만들어서 사유들을 가르고 구조화해 논리를 구성하는 것이 인간의 이성이다. 그래서 이 자유자재의 현존재가 신과 맞대결하며 이 세상을 가꾸어가려 한다. 이런 능력이 가장 뛰어난 자가 시인이라고 해도 과언이 아니라 생각한다. 아래의 작품에서 추창영의 시적 상상력을 보면 이를 입증한다고 볼 수 있다.

무생물체인 〈바위〉를 보면서 누구도 손잡아 주지 않는 외톨이로 자신과 동일화한다. 그저 '홀로올시다' 하고. 이렇게 단호한 단정의 호소로.

바위에는 이목구비의 어느 것 하나 삶의 손이 될 것이 없다. 눈도 삶을 위한 손이고 귀도 손이며 입도 코도 피부도 다리도 다 사는 수단인 손이라고 종개념을 유개념으로 동일화시킨다. 한 세계를 동일화하여 상상력이 일어나는 시가 〈바위〉이다. 이런 시인의 종횡으로 누리는 사유가 중요한 상상력의 기반인데 이를 과감하게 환유해 본 것으로 생각된다. 시력의 기초가 튼실하다고 본다.

"무엇 하나/ 잡을 손 없으니"란 표현이 어디고 잡을 손 하나 없는 바위 신세이다. 그러니 무엇 하나 나누어 가질 것이 없는 자신의 현재를 환유한 것이다. 인간은 혼을 가졌다고들 하지만 무슨 효과 있느냐고 절망을 다루는 솜씨가 대단하다.

    그저 하나올시다

    일월성신日月星辰
    낮과 밤 갈라놓고

    흐르는 구름 비 되어
    하늘과 바다

수평선 하나로
나뉘어 놓고

무엇 하나
잡을 손 없으니

이 세상
나누어 가질 것
아무것도 없습니다

홀로 뼈 깎는 혼魂
만고풍상萬古風霜인들
무슨 소용 닿겠습니까

그저 하나올시다

—〈바위〉 전문

  이런 상황에서 허무하게 무너질 큰 세계가 반드시 있기 마련이다. 이것이 바로 〈사랑의 변주〉에 대한 깨달음이었다. 시의 모세혈관들이 바로 정동맥으로 관통하고 있었다고 본다.
  세상이 손 없는 차가운 바위 같으니 "사랑은 절망을 위한 화려한 변주곡이다"라는 단언이 일어나고 만 것이다.

본디 사랑이나 행복이나 훌륭하다 같은 형용적 추상어들은 관계란 범주의 속성들이라 대립적 의미 관계 속에서만 겨우 미세한 부분을 현실로 형상화해 볼 수 있다. 그래서 일찍이 시인들에게 형용사와 부사 등의 관형형 언어들을 시어로 쓰지 말라고 해왔다. 대립 관계의 언어가 상대적으로 어떤 정도인가에 따라서 미적 형상화나 어떤 정념이 전달되기 때문에 늘 상대어에 의해 존립이 전제되는 운명적 언어라 할 수 있다. 즉 사랑이란 증오의 정도에 따라서 그 내면의 질이 결정된다. 비참한 현실에서 사랑이란 말은 발붙일 자리가 없다. 증오가 일어나는 각박한 현실에서 사랑은 필연적으로 변주되는 역설적 화려함밖에는 없다.

추 시인은 이를 바로 간파한 것이다. 이런 경우 사랑은 절망을 고문하는 기능 이외에 할 게 없다. 외로움의 메아리일 뿐이고 고독감뿐이다. 한순간의 바람이고 몽상이고 이별 등의 의미로 대체되고 만다. 흐르는 물이고 지는 꽃이고 차라리 하늘에 묻고는 침묵하는 것이 좋다는 결론이다. 추 시인 앞에 놓인 현실은 이렇게 절망과 증오로 변주되고 만다. 정확하고 절실한 시적 인식이 온 것이다.

사랑은 절망을 위한 화려한 변주곡이다
절망은 떠나는 자의 고독이다

사랑은 외로움의 메아리다
메아리는 남은 자의 몽상이다

사랑은 불고 가는 바람이다
바람은 머물 수 없는 이별이다

사랑은 꽃으로 지게 하고
이별은 물로서 흘러라

그래도 남는 것이 있으면
저무는 하늘에 묻고 침묵하라

―〈사랑의 변주〉 전문

이리하여 마지막 절망의 안갯속에서 소원을 기원하는 시가 탄생하게 되는데, 또 다음 시편들이 그것이다….

천신은 누구도 본 일이 없다. 외로운 강을 떠날 여자가 설령 죽어 신이 된다 한들 형상을 모르는 그리움의 한 허상체가 될 뿐이다. 그래도 안갯속이라는 세상에서 희미하긴 해도 그리움이라는 정념의 그림은 그려볼 수 있기를 바랄 뿐이다.

〈벚꽃 아래서〉라는 시에서도 역시 한 송이 꿈같은 꽃이 되고 싶다는 역설적 표현을 한다.

> 강가에 꿈꾸는 여자가
> 조금씩 풀려나는데
>
> 안개 속 그림자처럼
> 여자는 천천히 신이 된다
>
> 신이 된 여자는 목선을 타고
> 외로운 강변을 떠난다
>
> 사랑도 아니고 눈물도 아니고
> 분노도 아니고 욕망은 더더욱 아니고
>
> 잡으려 해도 잡히지 않고
> 버리려 해도 버려지지 않고
>
> 한정 없는 침묵 아래로
> 신이 되어 떠난 여자는

우리 생애 한 번도 만나지 못한

그리운 임이 된다

                        ―〈안개 속에〉 전문

깊고 긴 잠에서 깨어나

부푼 가슴으로 달려왔나 보다

거리낌 없이 웃어 젖히는 눈부신 환희

무엇으로 저리 넘치도록 채웠을까

지심의 숨결을 뽑아

수천, 수만, 만만 개의 봄으로 웃고 있음인가

깊은 어둠과 무거운 적막이

끝내 빛과 향기로 풀려났음인가

마침내 하늘과 땅이 포옹하여

세상 모든 아픔 밀어내고

손등에 핀 저승꽃마저 지우고

미어질 듯 얇은 가슴에 꿈으로 왔음인가

사랑처럼 왔다가 이별처럼 떠나는

낙화의 슬픔이야 어쩌랴마는

생성과 소멸의 앞뒤를 잘라 내고

나 또한 꿈 같은 꽃이고 싶다

—〈벚꽃 아래서〉 전문

5. 시간의 여울목에서 절망

  동지섣달 이우는 깊은 밤, 켜켜이 동여매어도 냉기 스미는 겨울 찬비다. 그리운 이 불러내면 바로 다가설 것 같은데, 그 이름조차 하나 없다는 이 즉물적 감각은 그야말로 징그러울 정도의 동물적 촉수다. 이리하여 저급한 실체가 어둠보다 더 무거운 적막이 바로 태어남의 원초적 미궁이라는 자해로 엄습하니 도저히 듣고 있을 수가 없다. 그러면서 겨울밤의 아픈 역설이 차라리 평화롭다가 반전되고 있다.

  이는 순리에 굴복할 줄 아는 달관이다. 이쯤 되면 새는 날개를 자유로 접었다가 다시 펼 수 있는 우주를 만난다. 없는 것은 곧 넓은 것이 있음의 상대적 관념이고 서로 상보적 존재이다. 그리고 이 두 언어는 한계가 없는 세계임을 알게 된다.

실은 겨울밤은 동지섣달 그믐밤의 비가 꿈꾸는 새의 채숨임이 아니다. 살아온 만큼의 고뇌를 지워버리고 더하지도 덜어내지도 않는 중용을 알면 내가 광장으로 자유로이 날아가 평화롭게 된다는 것이다. 체면치레가 아니라 중도를 획득하는 지혜에 이르는 길을 찾는 것이다. 누구에게라도 탓을 돌리는 졸부에게서 벗어나는 것이다.

이제 그야말로 추 시인은 평화에 들어서는 성숙을 이루게 된다. 이제 새는 자유로이 날개를 접을 때와 다시 펼 때를 알게 되는 경지에 이르게 된 것이다. 정확한 시간의 여울목에 들어선 것이다.

이런 시적 감각은 〈봄날에〉 이르러 그 절정에 이르는데 봄날의 색들을 전혀 덧칠할 수 없는 수채화라는 비유로 탁월한 시력을 거듭 보여주고 있는 셈이다. 덧칠해서는 안 되는 빛은 이래서 더 절망적이다. 인력으로는 어찌할 수 없는 숙명적 자기 처지로 이끌어 가고 있다. 이런 시간 간의 시어가 갖는 정도를 알고 있는 것은 그의 삶에서 찾아낸 보물이라 생각한다.

이런 자세에서 추창영의 시는 새의 날개를 접고 펴는 자세가 자유롭다. 무한히 시를 열어갈 능력자였던 것이 더 안타깝게 한다.

아래 시들을 제4의 시론을 상기하며 시심의 날개같이

펴 보기를 권한다.

켜켜이 동여매어도 냉기 스미는
동지섣달 이우는 깊은 밤
겨울 찬비가 내린다.

긴 세월 험로의 뒤안길에서
지친 날개 접고
꿈꾸는 새 목메인 채술임같이
겨울밤 찬비가 내린다

창을 열고 내다보면
어둠 속으로 보이는 것 없으나
그리운 이름 부르면
비에 젖은 그대로
바로 다가설 것 같은데

……허나
불러야 할 그리운 이름 하나 없고
고개 들어 바라보는 창밖 세상은
깜깜한 어둠과 빗물조차 뱉어내는 침묵뿐

오늘 밤은
내가 찬비가 되어
어둠을 헤집고
내 방 창 밑을 서성이는데

겨울 찬비보다 더욱 찬 냉기와
어둠보다 더 무거운 적막이
태어남의 원초적 미궁같이
덧없는 막막함으로 색상을 지워내고 있다

살아온 만큼
지워버리고 나면
세상은 더도 없고 덜도 없는
그저 아무것도 없는 텅 빈 공허일 뿐

……허나
밤 지나면 아침 오고
비 내린 다음, 날 개듯이
오고 감이 누구의 탓도 아니다.

선 채로 말라버린 풀잎이
비 개인 아침 햇살 받고

다시 봄을 꿈꾸듯이

되돌아갈 수는 없을지라도

투명한 햇살 속으로

남은 길 마저 가야지.

찬비 내리는 겨울밤은

비로소 평화롭구나.

                              ―〈겨울밤에 내리는 비〉 전문

시간도 갈앉은 물속 같은 공간에서

혼자 먼지 알갱이로 떠 있다가

설핏 창 너머로 새 한 마리 나는 것을 보고

서둘러 문을 나선다

아이들이 달려가고

아낙이 종종걸음으로 지나가고

중년의 남자가 짐 지듯 무겁게 걸어가고

바람이 곧추섰다가 꺾어지듯이 불고 가고

그 뒤로 어기적어기적 따라가는데

해 떨어지고

저녁살이 서물서물 기어들면서

앞서가던 사람들은 보이다 말다 하며

발자국 소리도 들리다 말다 하며

돌아서 되오는 길도 보이지 않는다

이 난감한 시간의 여울목에서

예약된 시간표도 없고

약속된 기다림도 없고

홀로 막막함에 잦아들고 있다

—〈시간의 여울목에서〉 전문

6. 추창영 이승 작별의 서시들

어설픈 평설로 덧칠할 필요 없이 그냥 낭송하면 되는 편하고 점잖은 마지막 서시들이 왜 아래와 같이 천연히 읊어지고 있는지 낭송 한번 해보라고 권하고 싶다. 그냥 낭독만 해도 그 아픈 행간에 필자도 독자도 함께 뼈가 녹는다.

작별처럼/ 새벽에 내린 찬비// 낯선 도시/ 여행자의 이마처럼/ 차고 맑아라// 비록/ 마지막 땅이 될지라도/ 남길 것 하나 없는/ 가벼운 날개여// 찬 땅에 누운/ 마른 잎은 꿈꾸고/ 나무는 절제된 감성으로/ 기억의 잔재를 씻는다// 봄은 겨울의 아픔이었고/ 여름은 봄의 몽상/ 가을은 여름의 무상이었나니// 새벽 비는 멎고/ 바람은 맑아/ 떠나가는 것들의 모습은/ 순결하다// 낡은 외투/ 마른 풀섶에 내려놓고/ 군청빛 하늘을 저어/ 십일월의 달 오르면// 만고의 정적 털고/ 일어설 산의 몸짓으로/ 달무리 서는 꿈이 되어// 비로소/ 깊은 잠이 되어도 좋으리

―〈십일월의 달〉전문

　아무도 없었다/ 아무 소리도 없었다/ 산모롱으로 돌아간 철길이/ 포기하지 못한 자의 절망으로 휘어져 있을 뿐이다// 외톨로 남게 된 팔 푼 오라비를 달고/ 열일곱 살에 시집온 우리 숙모/ 그 많은 농사일을 싫다 좋다 한마디 말도 없이/ 소처럼 꾸역꾸역 일만 하는 오라비가 눈에 찔려/ 어둔 밤이거나 풋 새벽/ 철둑에서 들리는 우리 숙모 한숨 소리/ 산모롱을 돌아간 기적 소리에 묻히곤 했다// 무녀독남 잘난 아들/ 객지에서 호의호식, 돌아오지 아니하고/ 지아비는 주색잡기 한량이라/ 돌아누워 살아온 지 어언 반백 년// 언성 높여 말 한 번 아니하고/ 서럽다 눈물 한 번 보이지 않은 우리 숙모/ 몽달귀신으로 세상 뜬 오라비를/ 철둑 너머 버려진 쑥대밭에 묻던 날// 세찬 햇살 질펀한 칠월 한낮/ 바람 한 점 일지 않는 백색

白色 고요/ 일체가 정지한 깊은 하상河床이었다// 우리 숙모/ 옥수수 넓은 잎새 아래서/ 설익은 옥수수염 같은 머리칼을/ 자꾸 쓸어 올리고 있었다// 올해도 철둑 너머 버려진 쑥대밭에/ 옥수수 넓은 잎새 사이사이/ 우리 숙모 희끗희끗 머리카락/ 옥수수염으로 끼어 앉았다// 처음과 끝이 잘려 나간 채 아무것도 보이지 않는/ 백색의 침묵으로 멈춰 버린/ 한 토막 흑백사진// 쓸쓸한 날이면 눈 앞에 펼쳐진다

—〈흑백사진 한 장〉 전문

두 편 모두 이승과 작별하는 마지막 시다. 드디어 두 마리 새를 거시적으로 갈라 봄으로써 추창영의 시의 두 날개는 접고 펴는 미래를 약속하고 종지부를 찍는다.

매캐한 안개
녹슨 낮달을 보며
도시의 새는
이제
복사꽃 피는 고향을 모른다.

나무는 있으되
숲이 없는

문명의 골짜기

실어증에 목이 잠긴

도시의 새는

이제 울지 않는다.

비등점을 향해 끓는 세기말

달리Dali의 시계처럼

사물의 실체가 혼미하여

새들의 눈은 사시, 아니면 원시.

빛이 꺾인 한낮

허기에 헐떡이는 목마름이거나

불꽃으로 넘치는 밤이면

열기에 떠는 경기驚起

고가도로 난간 아래서

썩어가는 하천 바닥에서,

쌓이는 진개장 부근에서,

도시의 새는

날지도 않고 사는 타성을 익히며

퇴화되고 있는 날개를

더욱 화려하게 장식을 한다.

빛과 어둠의 혼란 속에서

실종된 오늘을 찾느라

내일을 꿈꾸지 못하는

도시의 새

오늘은 비가 내리고

자욱한 비안개 속에서

끝없이 무너지는

허공을 외면한 채

꺾인 날개의 깃털을

다듬고 있을 따름이다.

―〈도시의 새〉 전문

- 언제인가

　　말로써 말할 수 없는

　　아득한 세월의 저편

　　빛과 어둠이 갈라설 때

　　하늘과 땅은

물로써 인연을 맺었다

어디서부터인가
한정 없이 쏟아지는 빛으로
삼라만상의 형상이 빚어지고
물로써 생명을 얻어
천지간에 살아 있음의 환희가
하늘에는 햇무리
땅 위에는 물보라가 넘쳐
강이 되고 바다가 되었다 하더라 −

쌓이고 쌓이고 또 쌓여
송진이 호박 되고
물방울이 석화 되고 종유석이 될 때
첩첩한 어둠 그리고 천근 같은 침묵

얼마나 오래였나

하늘을 자르는 해벽海碧
무명無明의 심연으로부터
바빌로니아 새 한 마리가
섬광으로 허공을 차고 올랐다

동쪽으로부터 뻗쳐오르는 햇발

　　산과 바다가 일제히 일어서고

　　하늘과 땅이 맞닿은 지평선 너머로

　　새는 거대한 날개를 펼쳐 날아갔다

　　그 누구의 의지인가

　　그 무엇의 섭리인가

　　날마다 해는 뜨고 지고

　　삼라만상의 생성소멸

　　이승과 저승으로 오가는

　　길목에서 우리 다시

　　바빌로니아의 새를

　　한 번 더 만날 수 있을까

　　　　　　　　　　　　―〈바빌로니아의 새〉 전문

　헛된 필설로 중언부언 덧칠 말고 이제 그냥 평설 놓고 나가라는 이 시인의 말씀이 이제야 들린다.

7. 평설을 마치며

 본래 글의 결론 자리는 제언이거나 재고 기능이고 필자의 변명 자리이다. 잘못하면 사족이 되어 본전 못 찾을 수도 있다. 그런데 평설을 마치는 순간 왠지 빙의란 용어가 갑자기 떠올랐다. 아마 추창영 시를 통해서 그는 어떤 시적 빙의憑依를 잘 입고 있었다는 생각을 한 때문이었을 같다. 고려 말의 문호 이규보의 구시마문驅詩魔文이라는, 그야말로 필설은 모두 다 아는 유명한 시론이 생각나서 더욱 추 시인의 시적 빙의가 범상에 벗어나 있다는 생각이다.
 이규보의 귀신 든 시를 쓴 자는 쫓아내야 한다는 직역은 맞지만, 이는 그만큼 역설적으로 나보다 무엇인가를 더 깊고 높은 것을 보아내는 귀신이 빙의된 존재란 극찬도 되기 때문이다. 본래 정신이란 용어의 정자는 쌀을 깨끗이 씻는다는 뜻과 묘하다는 뜻이고 신자의 글자는 바로 귀신 신자인 것이다. 인간은 누구든 무슨 귀신이든 다 들 수 있다고 보는데, 추창영은 이 시 귀신이 잘 깃들여 있었다고 보고 싶다. 특히 그는 육체적인 고질적 신고도 귀신처럼 들려 있었기에 두 가지가 빙의된 자인데도 마지막까지 시 귀신 빙의는 건재했던 것으로 보인다.
 문학의 본래 목적이 실은 제언과 제고의 성격이라고 해도 과언이 아니다. 보통 사람들이 미처 못 깨달은 것을,

'이렇게 보면 어떨지요' 하고 제언하거나 때로는 앞으로는 가급적 이런 생각의 길에 들러 보시오 하고 권고하면서 좀 우쭐대는 버릇이 있다. 이런 버릇을 이규보는 쫓아내야 한다고 나무란 것인데 추 시인에게는 모든 것이 자기 힘 밖의 존재에 빙의돼 있다고 보면 천명을 피할 길 없었다고 본다. 종교들에서 소위 성령의 세례와 같은 것이 빙의인 것도 같으니 다들 신들리는 이런 현상은 당연하기도 할 것이다.

  왜 이런 언설을 길게 전제하느냐 하면 평설 본질이 본시 쉽게 사족 다는 속성이 있으니 독자들은 모두 시 원문에서 더 깊게 가치 있는 것을 찾으시란 말을 하고 싶어서다. 그래서 이 글에서 의도적으로 평설 영역에 언급된 시들은 깊게 보시라고 원문 그대로 제시해 두었다. 시집 전체를 다 읽기란 실은 고통이 될 수도 있기 때문이다. 구시마문이란 시 귀신이 빙의된 광기의 뜻도 있으니 이 빙의를 성령의 세례라고 생각하는 열광의 광기, 강술이 추 시인에 있어서는 그가 소천되었어도 시는 영원히 이승에 남을 것이다.

  추창영의 시가 쳐놓은 시 창살 안에 갇혀서 필자도 삶이란 무한의 행간에서 헤매었다. 전편의 시가 다 한 편 같이 주제 의식을 담은 장편의 서사시 같았다. 그래서 시를 평설하기 전에 필자는 기괴한 인생 고문을 한번 당해

보았다. 이 시의 세계 안에 모두 한 번 들르시는 것이 좋을 것이다.

참으로 다행인 것은 이 시선집이 없었으면 너무나 아까운 추창영 시력들이 감추어질 수 있었다는 것을 지적해 두고 싶다.

이제부터 경남 문단사는 새 장을 한 장 넓혀 놓았다고 본다. 비 온다고 차량의 불빛은 젖지 않는다. 있는 것은 언제나 있고 없는 것은 언제나 없다. 마지막으로 고 추창영 시인은 저 열반의 극락에서 더 좋은 시작을 계속해주시기를 기원한다. 나도 그 시들을 독파하러 곧 그곳 가서 다시 또 제2의 평설을 쓰고 싶기 때문이다.

추창영 시인

1938년 2월 출생
1956년 백치 동인 창립 회원 참여 활동
1960년 《현대문학》 미당 서정주 시인 추천 등단
1960년 부산 MBC (아나운서) 입사
1968년 시집 『오월 한낮에』 상재
1969년 경남방송(마산MBC 전신) 이직(PD)
1970년 《동인수필》 창립 주도
1977년 시집 『징소리』 상재
1978년 11월 제1회 MBC 가맹사 라디오 작품 경연대회
        최우수 개인상(연출부문)
1981년 시집 『빗소리 바람소리』 상재
1984년 시집 『빈 배가 되어』 상재
1986년 11월 마산시문화상(문학부문) 수상
1990년 명상시집 『우리 삶에 그리움으로 오는 것』 발간
1996년 12월 경상남도문화상 (언론부문) 수상
1996년 12월 마산MBC 정년퇴직
1999년 산해원불교문화상(문학부문) 수상
2019년 2월 타계
2024년 6월 유고시집 『풍란을 붙이며』 발간

경남대표시인선·55

풍란을 붙이며
추창영 유고 시집

펴낸날	2024년 6월 22일
지은이	추창영
편집위원	김일태, 성선경
펴낸이	오하롱
펴낸곳	도서출판 경남
주소	창원시 마산합포구 몽고정길 2-1
연락처	(055)245-8818, fax.(055)223-4343
블로그	gnbook.tistory.com
이메일	gnbook@empas.com
등록	제1985-100001호(1985. 5. 6.)
편집팀	오태민	심경애	구도희
ISBN	979-11-6746-140-7-03810

ⓒ추창영

*잘못된 책은 바꿔 드립니다.
*저자와 협의 인지 생략합니다.

〔값 15,000원〕